PENSE
DUAS VEZES

Michael J. Mauboussin

PENSE
DUAS VEZES

COMO EVITAR AS ARMADILHAS DA INTUIÇÃO

Tradução
Adriana Ceschin Rieche

best.
business

CIP-BRASIL. CATALOGAÇÃO-NA-FONTE
SINDICATO NACIONAL DOS EDITORES DE LIVROS, RJ.

M399p
Mauboussin, Michael J., 1964
Pense duas vezes / Michael J. Mauboussin; tradução:
Adriana Ceschin Rieche. - Rio de Janeiro: Best Business, 2011.

Tradução de: Think Twice
ISBN 978-85-7684-430-3

1. Processo decisório. I. Título.

10-6185
CDD: 658.403
CDU: 005.53

Texto revisado segundo o novo Acordo Ortográfico da Língua Portuguesa.

Título original norte-americano
THINK TWICE

Copyright © 2009 by Michael Mauboussim
Copyright da tradução © 2011 by Editora Best Seller Ltda.

Publicado mediante acordo com Harvard Business Press.

Capa: Sérgio Carvalho
Editoração eletrônica: editoríarte

Todos os direitos reservados. Proibida a reprodução,
no todo ou em parte, sem autorização prévia por escrito da editora,
sejam quais forem os meios empregados.

Direitos exclusivos de publicação em língua portuguesa para o Brasil
adquiridos pela
EDITORA BEST BUSINESS um selo da EDITORA BEST SELLER LTDA.
Rua Argentina, 171, parte, São Cristóvão
Rio de Janeiro, RJ — 20921-380
que se reserva a propriedade literária desta tradução

Impresso no Brasil

ISBN 978-85-7684-430-3

Seja um leitor preferencial Record.
Cadastre-se e receba informações sobre nossos lançamentos e
nossas promoções.

Atendimento e venda direta ao leitor.
mdireto@record.com.br ou (21) 2585-2002

Para Al Rappaport
Mentor, colaborador, amigo.

SUMÁRIO

Agradecimentos 09

Introdução **Faça o que eu faço** 13

Capítulo 1 **A visão externa** 29
Por que Big Brown não era uma barbada

Capítulo 2 **Aberto a opções** 51
Como o número do telefone pode influenciar suas decisões

Capítulo 3 **Os especialistas sob pressão** 77
Por que a Netflix sabe mais do que os atendentes sobre seus filmes favoritos

Capítulo 4 **Consciência situacional** 99
Como o acordeão impulsiona as vendas de vinho

Capítulo 5 **Mais é diferente** 121
Como as abelhas encontram a melhor colmeia sem um corretor

Capítulo 6 **Evidência das circunstâncias** 135
Como terceirizar o Dreamliner tornou-se o pesadelo da Boeing

Capítulo 7　Grand Ah-Whooms　155
　　　　　Como dez britânicos fizeram a Ponte do Milênio balançar

Capítulo 8　Separando sorte de técnica　177
　　　　　Por que os investidores são ótimos em comprar na alta e vender na baixa

Conclusão　Momento de pensar duas vezes　201
　　　　　Como mudar seu processo de tomada de decisões imediatamente

　　　　　Notas　211
　　　　　Bibliografia　241

AGRADECIMENTOS

Agradeço imensamente por estar em posição de aprender com pessoas interessantes e maravilhosas. Os indivíduos que me estimularam, orientaram e ensinaram durante o processo de preparação de *Pense duas vezes* tornaram a longa trajetória enriquecedora e gratificante.

Meus colegas da Legg Mason Capital Management foram incríveis, oferecendo valioso apoio e cooperação. O fato de eu ter conseguido escrever este livro durante uma época difícil nos mercados mundiais é um tributo ao compromisso da organização para com o aprendizado. Particularmente, Bill Miller e Kyle Legg me proporcionaram a flexibilidade necessária para aceitar esse desafio, e eu espero que possa compensar toda a confiança que eles depositaram em mim.

Várias pessoas graciosamente compartilharam seu tempo e conhecimento comigo. Contaram histórias, esclareceram dúvidas ou me ajudaram a encontrar o caminho certo quando eu estava perdido. São elas Orley Ashenfelter, Greg Berns, Angela Freymuth Caveney, Clayton Christensen, Katrina Firlik, Brian Roberson, Phil Rosenzweig, Jeff Severts, Thomas Thurston e Duncan Watts.

Nem sempre é fácil conseguir organizar as ideias. Tive o privilégio de contar com um pequeno grupo de líderes, cada qual em seu ramo, para ler e comentar as seções do livro. Agradeço a Steven Crist, Scott Page, Tom Seeley, Stephen Stigler, Steve Strogatz e David Weinberger.

O Santa Fe Institute foi uma grande fonte de aprendizado e inspiração para mim. O SFI adota uma abordagem multidisciplinar para entender temas comuns que surgem em sistemas complexos. O instituto atrai pessoas que são intelectualmente curiosas e colaboradoras, e aprecio muito a disposição dos cientistas, da equipe e dos membros da rede em partilhar comigo seu conhecimento. Um agradecimento especial a Doug Erwin, Shannon Larsen, John Miller, Scott Page e Geoffrey West.

Ler um esboço de um manuscrito e oferecer comentários ao autor é um processo difícil e demorado. Tive a sorte de contar com a ajuda de uma constelação espetacular de pessoas de várias especialidades. Paul DePodesta, Doug Erwin, Dick Foster, Michelle Mauboussin, Bill Miller, Michael Persky, Al Rappaport, David Shaywitz e três outros revisores são algumas dessas pessoas. Agradeço a todos pelo tempo precioso e pelas recomendações, muito úteis.

Há anos sou admirador do trabalho de Daniel Kahneman. E, ao longo da pesquisa realizada para escrever o livro, meu respeito por suas contribuições para a psicologia em geral e ao processo de tomada de decisões em particular aumentou consideravelmente. Merecidamente, ele é uma figura de peso na psicologia e seu trabalho está presente em praticamente todos os aspectos abordados neste livro.

Gostaria de agradecer especialmente a meu amigo Laurence Gonzales. Ao longo dos anos, Laurence e eu fizemos muitas das mesmas perguntas sobre como tomar decisões. Como sua formação e experiência são muito diferentes das minhas, ele abriu meus olhos para muitos pontos de vista novos e úteis. A mera disponibilidade dele em compartilhar comigo suas ideias foi valiosa.

Só que Laurence, um talentoso escritor, foi muito além da troca de ideias. Ao receber o manuscrito do livro, ele se ofereceu para revisá-lo e editá-lo. Analisar seus comentários foi um dos trabalhos mais difíceis e gratificantes que já fiz. Ele me ensinou sobre a arte de escrever, estimulou-me a aguçar meu pensamento e insistiu na clareza. Com Laurence, a escrita serve às ideias e não o contrário. Não tenho palavras para agradecer a você, Laurence.

Agradecimentos

Dan Callahan, colega na Legg Mason Capital Management, foi parte integral do projeto. Dan forneceu apoio essencial à pesquisa e coordenou a inclusão dos gráficos. Mais importante, ele leu várias versões dos capítulos e fez comentários úteis. Isso tudo junto com outras responsabilidades, indo muito além de suas obrigações. Dan, um agradecimento especial a você.

Também gostaria de agradecer a A.J. Alper, que pensou no título. É um prazer trabalhar com A.J., pois ele equilibra bem criatividade e senso comercial.

Obrigado a Kirsten Sandberg, minha editora na Harvard Business Press, por conduzir o projeto desde a sessão de *brainstorming* inicial até gerar o produto final. Trocar ideias com Kirsten é sempre proveitoso, e seus comentários aprimoraram o manuscrito de maneira significativa. Obrigado Kirsten por não me deixar esquecer o público-alvo, a nossa mensagem e como estabelecer essa ligação. Ania Wieckowski também foi ótima ao longo do processo editorial, em questões simples e complexas, e Jen Waring tornou a produção ágil e eficiente.

Minha esposa, Michelle, é uma fonte constante de amor, apoio e orientação. Também me estimula a ir atrás das minhas paixões, e me permite isso. Os comentários de Michelle sobre o manuscrito inicial foram diretos e específicos, da forma que só uma esposa sabe fazer. Minha mãe, Clotilde Mauboussin, sempre foi uma força estável em minha vida e me ofereceu todas as oportunidades que eu poderia ter. Minha sogra, Andrea Maloney Schara, é parte da vida diária de nossa família e está sempre em busca de aprendizado. Finalmente, agradeço a meus filhos Andrew, Alex, Madeline, Isabelle e Patrick. Cada um deles me ajudou a escrever este livro de alguma maneira, e espero que achem essas ideias úteis em suas vidas algum dia.

INTRODUÇÃO

Faça o que eu faço

EM DEZEMBRO DE 2008 aconteceram dois eventos aparentemente não relacionados. O primeiro foi o lançamento do livro de Stephen Greenspan, *Annals of Gullibility: Why We Get Duped and How to Avoid It*. Greenspan, professor de psicologia, explicou por que permitimos que outras pessoas se aproveitem de nós e discutiu a ingenuidade em áreas como finanças, vida acadêmica e direito. Ele termina o livro com conselhos úteis para sermos menos ingênuos.

O segundo foi a revelação do maior esquema Ponzi de todos os tempos, liderado por Bernard Madoff, que custou aos desavisados investidores mais de US$ 60 bilhões. Um esquema Ponzi é uma operação fraudulenta em que o gestor utiliza fundos dos novos investidores para pagar os investidores antigos. Como não existe atividade de investimento legítima, o esquema quebra quando a operadora não consegue encontrar investidores adicionais. O esquema de Madoff foi desmascarado quando ele não conseguiu satisfazer os resgates dos investidores afetados pela crise financeira.

A ironia é que Greenspan, que é inteligente e bem-conceituado, perdeu 30% de suas economias para a aposentadoria no esquema Ponzi de Madoff.[1] O sujeito que escreveu um livro sobre ingenuidade acabou caindo nas mãos de um dos maiores fraudadores da história. É bem verdade que Greenspan não conhecia Madoff. Ele investiu em um fundo que desviava o dinheiro para o esquema. Greenspan foi muito generoso ao revelar por que ele foi atraído por retornos de investimentos que pareciam, em retrospecto, bons demais para ser verdade.

Se pedirmos que as pessoas citem os adjetivos que elas associam aos bons tomadores de decisão, palavras como "inteligente" e "esperto" estão geralmente no topo da lista. Mas a história contém vários exemplos de pessoas inteligentes que tomaram decisões ruins, com terríveis consequências, como resultado de erros cognitivos. Considere os seguintes aspectos:

- Em meados de 1998 o Long-Term Capital Management (LTCM), um fundo de hedge norte-americano, perdeu mais de US$ 4 bilhões e precisou ser socorrido por um consórcio de bancos. Os profissionais mais experientes do LTCM, que incluíam dois ganhadores do Prêmio Nobel de Economia, tinham alcançado sucesso absoluto até aquele dia. Como grupo, os profissionais estavam entre os mais impressionantes em termos intelectuais de qualquer organização do mundo, e eram grandes investidores em seu próprio fundo. Eles falharam porque seus modelos financeiros não deram atenção suficiente às altas flutuações nos preços dos ativos.[2]

- Em 1º de fevereiro de 2003, o ônibus espacial *Columbia* desintegrou-se ao entrar na atmosfera terrestre, matando os sete tripulantes. Os engenheiros da National Aeronautics and Space Administration (NASA) eram considerados os melhores e os mais inteligentes do mundo. O *Columbia* rompeu-se porque um pedaço do isolamento de espuma desprendeu-se durante o lançamento e prejudicou a capacidade de o ônibus espacial se proteger contra o calor na reentrada. O problema dos fragmentos de espuma não era novo, mas como nunca acontecera nada no passado, os engenheiros não levaram esse problema a sério. Em vez de levar em conta os riscos causados pelos fragmentos de espuma, a NASA considerou a falta de problemas como indício de que tudo estava certo.[3]

- No terceiro trimestre de 2008, três dos maiores bancos da Islândia quebraram, a moeda do país caiu mais de 70% e sua bolsa de valores perdeu mais de 80% do valor em poucas semanas. Depois que o setor bancário foi privatizado, em 2003, os grandes bancos aumentaram seu patrimônio de valor aproximadamente igual ao do PIB da Islândia para cerca de dez vezes o PIB, "a mais rápida expansão de um sistema bancário da história da humanidade". Conhecido como um povo com boa formação e equilibrado, os islandeses deram início a uma onda de gastos sustentados por dívida, aumentando os preços das ações. Embora cada pessoa consiga racionalizar suas próprias decisões, coletivamente o país mergulhou em um abismo econômico.[4]

Ninguém acorda de manhã pensando: "Vou tomar decisões ruins hoje." Ainda assim, acontece com todos nós. Particularmente surpreendente é que alguns dos maiores erros são cometidos por pessoas que são, segundo critérios objetivos, muito inteligentes. Pessoas inteligentes cometem erros grandes, bobos e graves.

Keith Stanovich, psicólogo da University of Toronto, alega que os testes de quociente de inteligência (QI), nos quais nos baseamos para identificar quem é inteligente, não medem as características essenciais para a tomada de boas decisões. "Embora a maioria das pessoas afirme que a capacidade de pensar racionalmente é um sinal claro de inteligência superior", ele argumenta, "os testes de QI padrão não contêm uma seção dedicada ao pensamento racional."[5] Flexibilidade mental, introspecção e capacidade de ponderar evidências corretamente estão no âmago do pensamento racional e não fazem parte dos testes de QI.

As pessoas inteligentes tomam decisões ruins porque possuem as mesmas configurações de fábrica em seus "softwares mentais" que o restante de nós, e esse software não foi projetado para lidar com muitos dos nossos problemas diários. Assim, nossas mentes desejam frequentemente ver o mundo de determinada maneira – padrão –, enquanto uma maneira melhor de ver o mundo exige algum esforço mental. Um exemplo simples é a ilusão de óptica: percebemos uma imagem ligeiramente diferente da realidade.

Além do problema do software mental, algumas pessoas também tomam decisões ruins porque nutrem falsas crenças. Por exemplo, Sir Arthur Conan Doyle, mais conhecido como o criador do detetive Sherlock Holmes, acreditava em muitas formas de espiritualismo, como na existência de fadas. Esse tipo de crença afeta o raciocínio claro. Para tomar boas decisões, muitas vezes precisamos pensar duas vezes – e isso é algo que nossas mentes preferem não fazer.

O foco nos erros pode parecer deprimente, mas este livro, na verdade, é uma história de oportunidades. A oportunidade vem em dois sabores. Podemos reduzir o número de erros cometidos pensando sobre os problemas de forma mais clara. De acordo com pesquisas de Stanovich e outros estudos, se explicamos a pessoas inteligentes como elas podem ter algum problema antes de a decisão ser tomada, seu desempenho é bem melhor do que se elas tiverem de resolver o problema sem orientação. "As pessoas inteligentes só têm desempenho melhor quando você diz a elas o que fazer!", afirma Stanovich. Além disso, é possível identificar imediatamente e tirar proveito dos erros que outras pessoas cometem. Como qualquer empresário sagaz sabe, o erro de um vira a oportunidade de outro. Com o tempo, vence o mais racional. *Pense duas vezes* aborda como identificar essas oportunidades.

Vamos analisar três etapas:

- *Preparação.* A primeira etapa é a preparação mental, que requer que você aprenda com os erros. Em cada capítulo discuto um erro apresentando exemplos de diferentes profissões e uso pesquisas acadêmicas para explicar o motivo pelo qual cometemos esses erros. Examino também como esses erros têm consequências graves. Embora tenham a melhor das intenções, investidores, empresários, médicos, advogados, autoridades do governo e outros profissionais acabam tomando péssimas decisões e, muitas vezes, a um custo extremamente alto.

- *Reconhecimento.* Assim que tomamos consciência das categorias de erros, a segunda etapa envolve reconhecer os problemas em contexto, ou ter consciência situacional. Nessa fase, nosso objetivo é reconhecer o tipo de problema que enfrentamos, como é arriscado cometer um erro e que instrumentos são necessários para fazer boas escolhas. Os erros, geralmente, surgem por causa da falta de correspondência entre a realidade complexa que enfrentamos e a simplificação das rotinas mentais que usamos para lidar com essa complexidade. O desafio é estabelecer elos intelectuais entre territórios que aparentemente não são semelhantes. Como veremos, um enfoque multidisciplinar pode gerar boas perspectivas para a tomada de decisões.

- *Aplicação.* A terceira etapa, e a mais importante de todas, é mitigar os erros potenciais. O objetivo é desenvolver ou refinar um conjunto de ferramentas mentais para lidar com as realidades da vida, de forma muito semelhante à de um atleta que desenvolve um repertório de habilidades para se preparar para um jogo. Muitas dessas sugestões envolvem manter sua intuição em cheque usando, ao mesmo tempo, uma abordagem que parece contraintuitiva.

Aliás, não estou imune a esses erros cognitivos e ainda sou vítima de todos os que descrevo no livro. Meu objetivo pessoal é reconhecer quando entro em uma área de perigo na hora em que estou tentando tomar uma decisão e diminuir o ritmo quando o faço. Encontrar o ponto de vista certo, na hora certa, é fundamental.

Prepare-se, reconheça, aplique – e ganhe uma camiseta

Como muitos instrutores de finanças, faço experiências com meus alunos para mostrar como pessoas inteligentes caem em armadilhas quando tomam decisões. Em um experimento, apresento um pote cheio de moedas para a turma e peço a todos que façam apostas de forma independente sobre o valor das moedas. A maior parte dos alunos sugere um valor abaixo do valor real. No entanto, outros sugerem um valor bem acima. Quem aposta mais alto ganha o leilão, mas paga mais pelas moedas. Isso se chama "praga do vencedor". É importante em fusões e aquisições corporativas, porque quando as empresas fazem lances para comprar uma empresa-alvo, aquele que faz a maior oferta, em geral, paga caro demais. Esse experimento proporciona aos estudantes (e em dobro para o vencedor) uma experiência concreta e em primeira mão.[6]

Para dar um toque especial aos experimentos, os instrutores muitas vezes os transformam em jogos com prêmios para aqueles que mais se destacarem. Eu participei de uma conferência de dois dias sobre "Decisões de investimento e finanças comportamentais" na Harvard University que incluía algumas dessas competições. Leitura e ensino haviam me preparado para esses experimentos. Quando os coloquei em prática pela primeira vez, o resultado foi fraco – abaixo da média. Só que em seguida estudei os princípios, pratiquei a identificação dos problemas e aprendi as técnicas para abordá-los adequadamente.

O primeiro foi um teste de excesso de confiança. Richard Zeckhauser, cientista político de Harvard e premiado jogador de bridge, deu a cada participante uma lista de dez perguntas incomuns (por exemplo, sobre o período de gestação de um elefante asiático) e pediu que eles dessem seu melhor palpite e uma estimativa para cima e para baixo, limitando a resposta certa com um intervalo de confiança de 90%. Por exemplo, posso pensar que a gestação de um elefante é mais longa do que a dos seres humanos e dar um palpite de que a resposta certa são 15 meses. Também posso ter 90% de certeza de que a resposta está entre 12 e 18 meses. Se a minha habilidade corresponder a minha confiança, posso esperar que as respostas corretas estarão dentro dessa faixa em nove de dez casos. No entanto, na verdade, a maior parte das pessoas só acerta 40 a 60% das vezes, o que reflete seu excesso de confiança.[7] Embora eu não soubesse as respostas para essas dez perguntas, tive uma ideia de onde poderia errar, por isso ajustei minhas estimativas iniciais. Ganhei o jogo e um livro.

A segunda experiência mostrou a falência da racionalidade pura. Nessa, Richard Thaler, um dos principais economistas comportamentais do mundo, pediu que escolhêssemos um número inteiro de zero a cem, sendo que o prêmio seria para a pessoa cujo palpite estivesse mais próximo a dois terços da média de palpites do grupo. Em um mundo puramente racional, todos os participantes realizariam quantos níveis de dedução fossem necessários para chegar à solução lógica do problema – zero. Mas o verdadeiro desafio do jogo envolve considerar o comportamento dos outros participantes. Você pode ganhar pontos intelectuais escolhendo zero, mas se alguém selecionar um número maior do que zero, você fica sem prêmio. A resposta vencedora, por acaso, em geral fica entre 11 e 13.[8] Eu também ganhei esse jogo, e uma camiseta.

Quando Thaler me entregou o prêmio, ele murmurou: "Você não merece o prêmio porque sabia o que estava em jogo aqui."

Sim, eu sabia o que estava acontecendo. *Essa era justamente a questão*. E essa é a questão deste livro.

O quadrado mágico: como facilitar sua vida

A preparação e o reconhecimento oferecem novos pontos de vista que fazem com que problemas complexos pareçam simples. Um exemplo é o jogo chamado Sum-to-Fifteen (Soma 15), concebido pelo renomado economista Herbert Simon.

Coloque sobre a mesa nove cartas numeradas de 1 a 9 viradas para cima. Dois jogadores se alternam selecionando as cartas com o objetivo de escolher três cartas que somem 15. Se você nunca jogou esse jogo antes, experimente. Ou tente com alguns amigos ou colegas de trabalho e observe cuidadosamente o que acontece.

O jogo é relativamente difícil, pois é preciso lembrar do total parcial dos seus números e o dos seus oponentes. É preciso pensar ofensivamente, escolhendo cartas que somem 15, assim como defensivamente, impedindo que seu oponente faça o mesmo. É comum alguém ganhar quando o oponente se atrapalha com os números.

O quadrado mágico que vou mostrar agora torna o jogo muito mais fácil:

```
8  3  4
1  5  9
6  7  2
```

Note que os números somam 15 no sentido vertical, horizontal ou diagonal. De repente, o jogo fica muito fácil: é o favorito das crianças, o jogo da velha. Quando passamos a encará-lo como jogo da velha, o caminho para a vitória fica muito mais claro. O empate é a pior das hipóteses, e perder é imperdoável.[9]

Muitas pessoas não acham natural fazer a correspondência entre as ideias de seu banco de dados mental com situações capciosas do mundo real. Nossos cérebros não são estruturados para fazer a transição da preparação para o reconhecimento. Na verdade, os responsáveis típicos pelo processo decisório alocam somente 25% de seu tempo para pensar sobre o problema de forma adequada e para aprender com a experiência. A maioria gasta tempo coletando informações, o que dá a impressão de que estão fazendo progresso e de que são eficientes. No entanto, informação sem contexto é uma falácia. Se não entendemos bem os desafios envolvidos na situação, esses dados em nada contribuirão para melhorar a precisão da decisão, e poderão dar origem a um excesso de confiança.[10]

Processo ou resultado: qual deles escolher?

Três fatores determinam os resultados de suas decisões: como você pensa sobre determinado problema, suas ações e a sorte. Podemos nos familiarizar com erros comuns, reconhecer a situação que enfrentamos e agir da forma que consideramos correta. Mas a sorte, por definição, está além de nosso controle, embora possa determinar o resultado (especialmente a curto prazo). Essa realidade estatística traz em si uma pergunta fundamental: será que devemos avaliar a qualidade de nossas decisões com base no processo que levou à decisão ou com base em seu resultado?

A resposta intuitiva é concentrar-se nos resultados. Os resultados são objetivos e separam vencedores de perdedores. Em muitos casos, quem avalia a decisão acredita que um resultado favorável é *prova* de um processo benfeito. Embora seja bastante disseminado, esse modo de pensamento é, na verdade, um mau hábito. Romper com o hábito abre um mundo de novas perspectivas para o processo decisório.

Nossas decisões mais difíceis incluem um elemento de incerteza, e na melhor das hipóteses podemos expressar os possíveis resultados como probabilidades. Além disso, devemos tomar decisões mesmo quando as informações estão incompletas. Quando determinada decisão envolve probabilidade, boas decisões podem gerar maus resultados, e decisões ruins podem levar a bons resultados (pelo menos durante algum tempo). Digamos, por exemplo, que você está jogando 21 em um cassino e recebe cartas que somam 18. Indo contra a estratégia padrão do 21, você pede mais uma carta e recebe um 3, alcançando seu objetivo. Esse é um processo fraco e um resultado favorável. Jogue a mesma mão cem vezes e você perderá na média, como demonstra a estratégia padrão.

Em um ambiente probabilístico, é melhor concentrar-se no processo do que no resultado para chegar a determinada decisão. O jogo de 21 envolve sorte. Isso significa que os resultados serão melhores se você seguir uma regra que reflita a real probabilidade de receber as cartas certas: não peça mais cartas quando já tiver 17 ou mais. Mas é fundamental lembrar que, devido ao grande peso que a sorte desempenha nesse processo, boas decisões não garantem resultados atraentes. Se você tomar uma boa decisão e tiver um resultado ruim, não se deixe abater – prepare-se para tentar de novo.

Ao avaliar as decisões tomadas por outras pessoas, novamente vale mais a pena analisar o processo decisório do que os resultados. Existem muitas pessoas que vencem por sorte. Mais frequentemente do que se imagina, elas não têm a menor ideia de como chegaram lá. No entanto, encaram a realidade dos fatos quando a sorte acaba. Da mesma forma, pessoas habilidosas que sofreram com um período de resultados ruins, em geral, são uma boa aposta, pois a sorte se equilibra com o tempo.[11]

Os principais erros cometidos por profissionais

O público-alvo deste livro são investidores e empresários, embora os conceitos sejam relevantes para outros profissionais também. Este livro não é um levantamento dos erros comuns nem uma explanação sobre um grande tema. Por exemplo, a maior parte dos livros trata dos componentes da teoria prospectiva (aversão às perdas, excesso de confiança, efeitos do enquadramento, ancoragem e o viés de confirmação) ou discorre sobre uma ideia importante.[12] Em vez disso, tentei selecionar os conceitos que se mostraram mais úteis para mim, com base em minha experiência no mercado de investimentos e em estudos científicos e de psicologia.

Cada um dos seguintes capítulos aborda um erro comum na tomada de decisões, mostra por que esse erro gera consequências e apresenta algumas sugestões para administrar o problema. Especificamente:

- O Capítulo 1, "A visão externa: Por que Big Brown não era uma barbada", descreve nossa tendência a considerar cada problema como único em vez de analisar cuidadosamente a experiência dos outros. Esse erro explica por que os executivos expressam um otimismo quase universal quando adquirem novas empresas, apesar do fraco histórico de sucesso nas aquisições.

- O Capítulo 2, "Aberto a opções: Como o número do telefone pode influenciar suas decisões", apresenta a visão de túnel, a dificuldade de considerar alternativas em determinadas condições. Nossas mentes querem reduzir as opções nos momentos em que devemos manter nossas alternativas abertas. Além disso, incentivos podem encorajar certas opções que sejam boas para uma pessoa, mas não para outras.

- O Capítulo 3, "Os especialistas sob pressão: Por que a Netflix sabe mais do que os atendentes sobre seus filmes favoritos", destaca nossa confiança absoluta nos especialistas. Os especialistas tendem a conhecer campos muito específicos, justificando uma visão cética sobre suas alegações e previsões. Cada vez mais as pessoas podem solucionar problemas criando modelos de decisões com o uso de computadores ou valendo-se da sabedoria das massas de forma muito mais eficaz do que com a ajuda de especialistas.

- O Capítulo 4, "Consciência situacional: Como o acordeão impulsiona as vendas de vinho", realça o papel fundamental que o contexto desempenha no processo decisório. Por mais que gostemos de pensar que somos objetivos, o comportamento das pessoas a nossa volta influencia nossas decisões. Também mostra por que não devemos nos apressar em julgar o comportamento dos outros sem apreciar plenamente o contexto de suas decisões.

- O Capítulo 5, "Mais é diferente: Como as abelhas encontram a melhor colmeia sem um corretor", explora as armadilhas de entender sistemas complexos no nível errado. Tentar entender o comportamento macro agregando o comportamento micro não funciona, porque o total é maior do que a soma das partes. Não é possível entender como funciona uma colônia de formigas observando apenas o que uma formiga faz. O capítulo também mostra que é praticamente impossível administrar um sistema complexo, uma lição que o governo norte-americano aprendeu quando enfrentou a crise financeira de 2007-2009.

- O Capítulo 6, "Evidência das circunstâncias: Como terceirizar o Dreamliner tornou-se o pesadelo da Boeing", alerta o leitor contra a previsão de causa e efeito para um sistema baseado em atributos e não em circunstâncias. A resposta para a maioria das perguntas da vida é "Depende". Esse capítulo explora como pensar sobre esses fatores.

- O Capítulo 7, "Grand Ah-Whooms: Como dez britânicos fizeram a Ponte do Milênio balançar", descreve transições de fase, em que pequenas perturbações em um sistema podem levar a grandes mudanças. Como causa e efeito são difíceis de identificar quando ocorrem transições de fase, é praticamente impossível prever o resultado. É por isso que ninguém sabe de onde virá o próximo sucesso no cinema ou na música.

- O Capítulo 8, "Separando sorte da técnica: Por que os investidores são ótimos em comprar na alta e vender na baixa", trata do papel da técnica e da sorte nos resultados, e enfatiza o conceito de reversão para a média, que muitas vezes é malcompreendido. Por exemplo, repórteres esportivos e comentaristas de negócios em geral não levam em conta o papel do talento e da sorte quando relatam casos de sucesso ou fracasso.

- A Conclusão, "Momento de pensar duas vezes: Como mudar seu processo de tomada de decisões imediatamente", resume os conselhos sobre como pensar nos erros que foram abordados ao longo do livro. Também recomenda algumas técnicas específicas para conquistar uma vantagem no processo decisório, tais como manter um diário das decisões para colocar essas ideias em prática.

Introdução

Daniel Kahneman, psicólogo da Princeton University, que ganhou o Prêmio Nobel de Economia em 2002, uma vez observou como ficou surpreso com a ambivalência das pessoas diante do processo de tomada de decisões.[13] Embora falem que vão melhorar, poucos estão realmente dispostos a dedicar tempo e recursos necessários para aprender e mudar. Nos capítulos a seguir vou apresentar conceitos que poderão ajudá-lo a tomar decisões melhores. Espero que você também se divirta ao longo desse processo.

Os temas para cada capítulo foram escolhidos com base em três critérios. Os assuntos precisavam ser comuns. Assim que você internalizar esses conceitos, verá que eles estarão presentes em suas decisões e nas decisões dos outros. Os conceitos precisavam ser identificáveis. Não houve intenção de amenizar ou mascarar os temas, e eles surgirão em lugares que antes podem ter passado despercebidos. Finalmente, os erros associados com os temas precisavam ser evitáveis. Embora eu não possa garantir o sucesso, posso ajudar a melhorar seu processo de tomada de decisões.

CAPÍTULO 1

A visão externa

Por que Big Brown não era uma barbada

"ESTA É UMA CONCLUSÃO ÓBVIA." Assim declarou Rick Dutrow sobre a probabilidade de seu cavalo de corrida, Big Brown, conquistar o cobiçado título da Tríplice Coroa de 2008. Ganhar a Tríplice Coroa é um feito e tanto. O cavalo precisa vencer o Kentucky Derby, o Preakness Stakes e o Belmont Stakes, em três pistas de diferentes tamanhos, em apenas cinco semanas. Antes de Big Brown tentar, somente 11 cavalos haviam conseguido realizar essa façanha no século anterior, e nenhum conseguira nos 30 anos anteriores. Ali estava Big Brown, apenas a uma corrida de distância de conquistar a "imortalidade".[1]

Dutrow, o treinador do cavalo, tinha motivos para estar otimista. O potro de 3 anos de idade não só estava invicto nas cinco primeiras corridas, como também era dominante. Embora os apostadores acreditassem que ele tinha somente 25% de probabilidade de vencer o Kentucky Derby, Big Brown vencera por quatro corpos de vantagem. Ele fora ainda melhor no Preakness, cruzando a linha de chegada com cinco corpos de vantagem em relação ao segundo colocado, mesmo quando seu jóquei diminuiu o ritmo no trecho final. Em sua última corrida, Belmont, Big Brown enfrentou competidores medíocres e seu maior concorrente, Casino Drive, abandonou a prova no último minuto.

Não por acaso, o entusiasmo por Big Brown cresceu. Percebendo a oportunidade, a UPS, empresa que deu nome ao cavalo, fechou um acordo de marketing que incluía a logomarca da empresa na jaqueta do jóquei de Big Brown. A maioria dos profissionais das corridas apostou que ele ganharia a corrida. E havia o próprio Big Brown. Ele foi retratado como um animal forte, confiante e preparado. Dutrow exultava: "Ele está em sua melhor forma. Não encontro um defeito sequer em Big Brown. Não podia ser melhor. Estou tão confiante, é inacreditável."[2] Os fãs concordavam: a presença do público nessa importante corrida foi duas vezes maior que a do ano anterior, apesar do calor insuportável, pois todos queriam ver o feito histórico.

Big Brown fez história, com certeza. Só que não foi o tipo de história que todos esperavam. Ele terminou em último lugar, o pior resultado jamais obtido por um participante da Tríplice Coroa.[3]

Os veterinários fizeram um exame físico completo em Big Brown após a corrida e ele parecia estar bem. Seu desempenho caprichoso evocava o que os pesquisadores nos laboratórios chamam de Lei de Harvard: "Sob as condições mais rigorosamente controladas de pressão, temperatura, volume, umidade e outras variáveis, o organismo fará o que bem entender."[4]

No entanto, havia outra maneira de analisar as chances de Big Brown vencer a Tríplice Coroa, uma maneira que era bem menos otimista em relação as suas perspectivas de entrar para o panteão das corridas de cavalo. Esse ponto de vista respondia a uma pergunta simples: qual foi o desempenho dos outros cavalos quando estavam na posição de Big Brown?

Steven Crist, autor talentoso e renomado apostador, forneceu algumas estatísticas realistas.[5] Dos 29 cavalos com chances de conquistar a Tríplice Coroa depois de vencer o Kentucky Derby e o Preakness Stakes, somente sete triunfaram, uma taxa de sucesso de menos de 40%. Mas um exame aproximado dessas estatísticas gerou uma acentuada diferença antes e depois de 1950. Antes de 1950, oito dos nove cavalos que tentaram vencer a Tríplice Coroa obtiveram sucesso. Depois de 1950, somente três dos vinte cavalos conseguiram. É difícil saber por que a taxa de sucesso caiu de quase 90% para apenas 15%, mas os fatores lógicos incluem melhor procriação (que gera potros de melhor qualidade) e páreos maiores.

Embora uma taxa de sucesso de 15% possa trazer alguma preocupação, não leva em conta a capacidade inata e o histórico impressionante de Big Brown. Afinal de contas, nem todos os cavalos em posição de vencer a Tríplice Coroa tinham talento semelhante. Uma maneira de comparar cavalos é pela análise da estatística da velocidade desenvolvida por Beyer ("Beyer Speed Figure"), que atribui um número ao desempenho do cavalo com base no tempo da corrida e na velocidade da pista, considerando as condições meteorológicas. Números mais altos são melhores.

A Tabela 1-1 mostra os dados de velocidade nas primeiras duas corridas da Tríplice Coroa para os últimos sete aspirantes, incluindo Big Brown. A amostra é pequena porque os números só foram disponibilizados depois de 1991. Embora as ações de seu jóquei se comparassem em alguns pontos com os resultados na Preakness, Big Brown parecia muito mais lento em comparação com os demais cavalos. Mesmo considerando a pista de Belmont, que não é tão difícil, parecia óbvio que Big Brown não teria condições de vencer. Ainda assim, os apostadores colocaram as chances de Big Brown em eufóricos três para dez, implicando que ele tinha mais de 75% de probabilidade de vencer a corrida final. Crist e outros apostadores mais atentos tiveram o bom-senso de reconhecer que as chances de vitória de Big Brown estavam exageradamente altas.

Esses pontos de vista contrastantes revelam nosso primeiro erro: uma tendência a favorecer a visão interna em detrimento da externa.[6] Uma visão interna considera determinado problema enfocando a tarefa específica e utilizando informações que estejam disponíveis, fazendo previsões com base nessa série limitada e exclusiva de dados. Esses dados podem incluir evidências anedóticas e percepções enganosas. Essa é a abordagem que a maioria das pessoas utiliza na construção de modelos para o futuro e é realmente comum para todas as formas de planejamento. Rick Dutrow e outros fãs de Big Brown se basearam exclusivamente na visão interna, incluindo as vitórias anteriores e a aparência imponente do animal. Essa atitude é natural, mas quase sempre é uma visão excessivamente otimista.

TABELA 1-1

Dados de análise da velocidade de Beyer para participantes da Tríplice Coroa

Cavalo	Kentucky Derby	Preakness	Total
Silver Charm	115	118	233
Smarty Jones	107	118	225
Funny Cide	109	114	223
War Emblem	114	109	223
Real Quiet	107	111	218
Charismatic	108	107	215
Big Brown	109	100	209

Fonte: Steven Crist.

A visão externa pergunta se existem situações semelhantes que podem servir de base estatística para a tomada de determinada decisão. Em vez de analisar o problema como único, a visão externa quer saber se outras pessoas já enfrentaram problemas comparáveis e, em caso afirmativo, o que aconteceu. A visão externa é uma maneira não natural de pensar, precisamente porque força as pessoas a deixarem de lado todas as informações preciosas que já coletaram. Os apostadores que se valeram da visão externa consideraram Big Brown uma aposta ruim, pois a experiência de outros cavalos na mesma situação sugeria que a probabilidade de vencer era muito menor do que sugerido pelo painel eletrônico. A visão externa, muitas vezes, pode criar um termo de comparação com a realidade muito precioso para quem vai tomar uma decisão.

Por que as pessoas tendem a seguir a visão interna? A maioria é exageradamente otimista boa parte do tempo. Os psicólogos sociais fazem a distinção entre três ilusões que levam as pessoas a considerar a visão interna.[7]

Para entender a primeira ilusão, tire alguns minutos para responder (honestamente!) às seguintes perguntas com "sim" ou "não":

- Minha capacidade de direção é acima da média.

- Meu senso de humor é acima da média.

- Meu desempenho profissional é acima da média de minha organização.

Se você é como a maioria das pessoas, responderia "sim" nas três perguntas. Isso mostra a ilusão da superioridade, o que sugere que as pessoas têm uma visão irrealisticamente positiva de si mesmas. Evidentemente, nem todos podem ser acima da média. Em uma pesquisa clássica de 1976, o College Board pediu aos estudantes do ensino médio submetidos a testes que se classificassem de acordo com uma série de critérios. Nessa pesquisa, 85% se consideraram acima da média em sua capacidade de relacionamento; 70% se consideraram acima da média em sua capacidade de liderar os outros e 60%, acima da média nos esportes. Uma pesquisa demonstrou que mais de 80% das pessoas acreditavam que eram mais habilidosas do que metade de todos os motoristas.[8]

Incrivelmente, as pessoas menos capazes, em geral, têm maiores lacunas entre o que pensam que podem fazer e o que realmente alcançam.[9] Em um estudo, os pesquisadores pediram aos participantes que avaliassem a capacidade percebida e o provável sucesso em um teste de gramática. A Figura 1-1 mostra que aqueles com o pior desempenho exageraram em suas capacidades, pensando que estariam no segundo quartil mais alto. Os resultados apresentados estavam no quartil inferior. Além disso, mesmo quando os indivíduos efetivamente reconhecem que estão abaixo da média, tendem a considerar suas dificuldades pouco relevantes.

A segunda é a ilusão do otimismo. A maioria das pessoas acha que é mais inteligente do que os outros. Por exemplo, os pesquisadores pediram a estudantes que avaliassem suas chances de viverem várias experiências boas e ruins em suas vidas. Os estudantes consideraram que tinham muito mais probabilidade de ter boas experiências do que seus colegas, e muito menos probabilidade de ter experiências ruins.[10]

FIGURA 1-1

Os menos competentes, em geral, são os mais confiantes

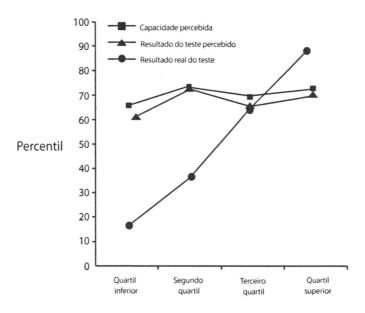

Fonte: Justin Kruger e David Dunning, "Unskilled and Unaware of It: How Difficulties in Recognizing One's Own Incompetence Lead to Inflated Self-Assessments". *Journal of Personality and Social Psychology 77*, nº 6 (1999):1121-1134.

Finalmente, existe a ilusão do controle. As pessoas se comportam como se os eventos que acontecem por acaso estivessem sob seu controle. Por exemplo, pessoas que jogam dados os lançam devagar quando querem tirar números baixos e mais forte quando querem números mais altos. Em um estudo, os pesquisadores pediram a dois grupos de funcionários administrativos que participassem de um sorteio com um custo de US$ 1 e um prêmio de US$ 50. Um grupo podia escolher seus cartões da loteria e o outro não tinha escolha. A sorte determinava a probabilidade da vitória, é claro, mas não foi desse modo que os funcionários se comportaram.

Antes da escolha, um dos pesquisadores perguntou aos participantes a que preço estariam dispostos a vender seus cartões. A oferta média para o grupo que podia escolher os cartões foi de US$ 9, enquanto a oferta do grupo que não tinha escolha foi menos de US$ 2. Quem acredita que possui algum controle tem a percepção de que as chances de sucesso são melhores do que efetivamente são. Quem não tem senso de controle não tem essa tendência.[11]

Devo concordar que minha ocupação, gestão de fundos, pode ser um dos melhores exemplos de ilusão de controle no mundo profissional. Pesquisadores demonstraram que, no geral, os gestores de fundos que montam portfólios ativamente oferecem retornos menores do que os índices do mercado ao longo do tempo, um dado que toda firma de investimentos reconhece.[12] O motivo é bastante direto: os mercados são altamente competitivos e os gestores de fundos cobram taxas que reduzem os retornos. Os mercados também envolvem uma boa dose de aleatoriedade, garantindo que todos os investidores obtenham bons e maus resultados de tempos em tempos. Apesar das evidências, os gestores de fundos comportam-se como se pudessem desafiar as chances e apresentar retornos altíssimos. Essas firmas de investimentos baseiam-se na visão interna para justificar suas estratégias e taxas.

As chances de sucesso são pequenas... mas não para mim

Uma vasta gama de profissionais, muitas vezes, se vale da visão interna para tomar importantes decisões com resultados previsivelmente ruins. Isso não quer dizer que esses tomadores de decisões sejam negligentes, ingênuos ou mal-intencionados. Estimulados pelas três ilusões, a maioria acredita que está tomando a decisão certa e confia que os resultados serão satisfatórios. Agora que você está ciente da distinção entre a visão interna e a externa, poderá avaliar suas decisões e as dos outros com mais cuidado. Vamos analisar alguns exemplos.

As fusões e aquisições corporativas são um negócio global multitrilionário todos os anos. As grandes empresas gastam vastas somas na identificação, aquisição e integração de empresas para obter uma vantagem estratégica. Existem poucas dúvidas de que as empresas fecham negócios com a melhor das intenções.

O problema é que a maioria das transações não cria valor para os acionistas da empresa adquirente (os acionistas das empresas compradas saem-se bem, em média). Na verdade, os pesquisadores estimam que quando uma empresa compra outra, as ações da empresa adquirente caem dois terços das vezes.[13] Considerando que a maioria dos gerentes tem um objetivo explícito de agregar valor – e que a remuneração dessa maioria está, muitas vezes, associada ao preço das ações –, o vigor do mercado de fusões e aquisições parece relativamente surpreendente. A explicação é que, embora a maioria dos executivos reconheça que o histórico geral de fusões e aquisições não seja bom, eles acreditam que conseguirão se dar bem.

"Uma propriedade de alta qualidade à beira da praia" foi a descrição dada pelo CEO da Dow Chemical para a Rohm and Haas depois que a Dow concordou em adquirir a empresa em julho de 2008. A Dow não se abalou com a guerra de preços, que tinha elevado o ágio a ser pago para 74%. O CEO declarou que o negócio era "um passo decisivo para estabelecer a Dow como uma empresa com crescimento de receitas".[14] O entusiasmo da administração da Dow tinha todas as características da visão interna. Quando o negócio foi anunciado, o preço das ações da Dow Chemical caiu 4%, colocando a transação no topo de uma pilha crescente de perdas sofridas por meio das aquisições.

A matemática básica explica por que a maioria das empresas não agrega valor quando adquire outra empresa. A mudança de valor para o comprador equivale à diferença entre o aumento no fluxo de caixa criado pela combinação das duas empresas (sinergias) e o montante acima do valor de mercado que a adquirente paga (ágio). As empresas querem obter mais pelo que pagaram. Assim, se as sinergias excederem o ágio, o preço das ações do comprador subirá. Caso contrário, o preço cairá. Neste caso, o valor da sinergia – com base nos dados fornecidos pela própria Dow – era menor do que o ágio pago, justificando uma queda nos preços. Deixando de lado a retórica exagerada, os números não foram bons para os acionistas da Dow Chemical.[15]

O plural de uma história não é prova

Alguns anos atrás meu pai recebeu um diagnóstico de câncer em estágio terminal. Após o fracasso da quimioterapia, ele ficou praticamente sem opções. Um dia, ele ligou me pedindo conselho. Ele vira um anúncio em uma revista sobre um tratamento alternativo para câncer que alegava alcançar resultados quase miraculosos e indicava um site com vários testemunhos atraentes. Se ele me enviasse as informações, será que eu poderia dar minha opinião sobre o assunto?

Não demorei muito para fazer a pesquisa. Não havia estudos bem-estruturados que demonstrassem a eficácia do tratamento, e as evidências a favor da abordagem se resumiam a uma série de relatos pessoais. Quando meu pai me ligou de volta, senti em sua voz que ele já tinha tomado uma decisão. Apesar do custo substancial e da distância, ele queria tentar essa alternativa improvável. Quando ele perguntou minha opinião, respondi: "Tento pensar como cientista. E, com base em tudo que vejo, esse tratamento não funciona." Quando desliguei o telefone, me senti péssimo. Eu queria acreditar na história e seguir a visão interna. Mas o cientista dentro de mim me aconselhou a seguir a visão externa. Mesmo considerando o poder do efeito placebo, a esperança não é uma estratégia.

Meu pai faleceu logo após esse episódio, mas a experiência me fez pensar sobre a forma como tomamos decisões sobre nossos tratamentos médicos. Durante muito tempo o modelo paternalista reinou nas relações entre médicos e pacientes. Os médicos diagnosticavam um estado e selecionavam o tratamento que parecia melhor para o paciente. Os pacientes hoje em dia estão mais bem-informados e em geral querem participar das decisões. Médicos e pacientes, muitas vezes, discutem os prós e contras dos vários tratamentos e escolhem juntos o melhor curso de ação. Na verdade, os estudos mostram que os pacientes envolvidos na tomada dessas decisões ficam mais satisfeitos com o tratamento recebido.

Mas as pesquisas também sugerem que é comum os pacientes fazerem escolhas que não atendem seus interesses, muitas vezes porque eles não consideram a visão externa.[16] Em um estudo, os pesquisadores apresentaram aos participantes uma doença fictícia e várias opções de tratamento. Cada participante podia escolher dois tratamentos. O primeiro, o tratamento de controle, tinha 50% de eficácia. O segundo era uma de 12 opções que combinava uma história positiva, neutra ou negativa sobre um paciente fictício com quatro possíveis níveis de eficácia, variando de 30% a 90%.

As histórias fizeram enorme diferença e afetaram os dados de probabilidade de base no processo de tomada de decisões. A escolha dos pacientes variava conforme a história: os pacientes escolhiam o tratamento com 90% de eficácia menos de 40% das vezes quando ele era combinado com uma história negativa. Inversamente, quase 80% dos pacientes selecionavam um tratamento com 30% de eficácia quando este se associava a uma história positiva. Os resultados desse estudo são inteiramente consistentes com o comportamento de meu pai.

TABELA 1-2

As histórias são mais importantes do que os medicamentos?
Percentual de pacientes que escolhiam o tratamento

	\multicolumn{4}{c}{PROBABILIDADE DE BASE}
	90%	70%	50%	30%
História positiva	88	92	93	78
História neutra	81	81	69	29
História negativa	39	43	15	7

Fonte: Angela K. Freymuth e George F. Ronan, "Modeling Patient Decision Making: The Role of Base-Rate and Anecdotal Information". *Journal of Clinical Psychology in Medical Settings* 11, nº 3 (2004): 211-216.

Embora seja positivo para os pacientes serem bem-informados e participarem das decisões, eles correm o risco de ser influenciados por fontes que se baseiam principalmente em histórias, incluindo amigos, família, a internet e a mídia. Os médicos talvez considerem esses relatos pessoais uma forma de transmitir sua mensagem aos pacientes. Mas médicos e pacientes precisam ter cuidado para não perder de vista as evidências científicas.[17]

No prazo e dentro do orçamento – talvez da próxima vez

Você estará familiarizado com este exemplo se já tiver participado de um projeto, quer tenha envolvido a reforma da casa, a apresentação de um novo produto ou cumprimento de determinado prazo de trabalho. As pessoas consideram difícil estimar quanto tempo será necessário para realizar uma tarefa e quanto ela vai custar. Quando se enganam, em geral subestimam o tempo e os custos. Os psicólogos chamam isso de falácia do planejamento. Novamente, a visão interna assume o controle, pois a maioria das pessoas imagina como conseguirá cumprir a tarefa. Somente cerca de um quarto da população incorpora dados de probabilidade de base de sua própria experiência ou de outras pessoas na hora de criar cronogramas.

Roger Buehler, professor de psicologia da Wilfrid Laurier University, realizou uma experiência que ilustra esse ponto. Buehler e seus colaboradores perguntaram a estudantes universitários quanto tempo seria necessário para completar uma tarefa de casa com três níveis de chance: 50, 75 e 99%. Por exemplo, um participante poderia dizer que havia uma chance de 50% de terminar o projeto até a segunda-feira seguinte, uma chance de 75% de que estaria pronto na quarta-feira e uma chance de 99% até sexta-feira.

A Figura 1-2 mostra a precisão das estimativas: quando o prazo expirava para aqueles que haviam dado uma chance de 50% de terminar, somente 13% realmente haviam entregado o trabalho. No caso dos alunos que disseram que teriam 75% de chance de terminar o trabalho no prazo, somente 19% haviam concluído o projeto. Todos os alunos tinham praticamente certeza de que teriam concluído seu trabalho no prazo final. No entanto, apenas 45% efetivamente estavam certos. Como Buehler e seus colegas pesquisadores observaram: "Mesmo quando uma previsão altamente conservadora era solicitada, algo que estavam quase certos de conseguir realizar, a confiança dos estudantes em suas estimativas de tempo excedia em muito suas realizações."[18]

Esse trabalho tem um aspecto interessante. Embora as pessoas sejam notoriamente ruins em prever quando terminarão seus próprios projetos, são muito boas em estimar o de outras pessoas. Na verdade, a falácia do planejamento incorpora um princípio mais abrangente. Quando as pessoas são forçadas a analisar situações semelhantes e a verificar a frequência do sucesso, tendem a fazer previsões de forma mais precisa.

FIGURA 1-2

Há uma enorme lacuna entre quando as pessoas acreditam que concluirão determinada tarefa e quando efetivamente o fazem

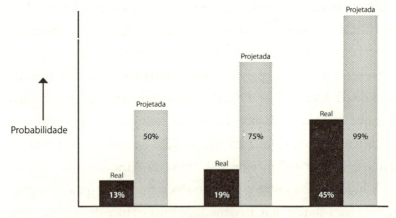

Fonte: Roger Buehler, Dale Griffin e Michael Ross. "It's About Time: Optimistic Predictions in Work and Love", in *European Review of Social Psychology*, vol. 6, ed. Wolfgang Stroebe e Miles Hewstone (Chichester, Reino Unido: John Wiley & Sons, 1995), 1-32.

Se quiser saber como será o desfecho de alguma situação para você, observe o que aconteceu com outras pessoas nas mesmas condições. Daniel Gilbert, psicólogo da Harvard University, se perguntou por que as pessoas não se baseiam mais na visão externa. "Considerando o impressionante poder dessa técnica simples, deveríamos esperar que todos quisessem usá-la. Mas isso não acontece." Isso ocorre porque a maioria das pessoas se considera diferente, e melhor, do que as demais a sua volta.[19]

Agora que você sabe como as visões interna e externa afetam a maneira como as pessoas tomam decisões, conseguirá identificá-las em toda parte. No mundo dos negócios, elas se manifestarão, por exemplo, como otimismo injustificável no que diz respeito ao tempo necessário para desenvolver um projeto, a chance de determinada transação de fusão dar certo e a probabilidade de um portfólio de ações ter melhor desempenho no mercado. Em sua vida pessoal, elas estarão presentes, por exemplo, nos pais que acreditam que seus filhos de 7 anos estão destinados a conquistar uma bolsa de estudos para atletas universitários, nos debates sobre o impacto que os videogames têm nas crianças e no tempo e no custo necessários para remodelar uma cozinha.

Mesmo quem deveria ser mais esclarecido esquece de consultar a visão externa. Anos atrás, Daniel Kahneman reuniu um grupo com a finalidade de montar um curso para ensinar estudantes do ensino médio a terem capacidade crítica e a tomarem decisões. O grupo de Kahneman era composto por professores experientes e inexperientes, e também pelo diretor de ensino da escola. Depois de cerca de um ano eles tinham redigido alguns capítulos para um livro didático e desenvolvido alguns exemplos de lições.

Durante uma de suas sessões nas tardes de sexta-feira, os educadores discutiam como obter informações de grupos e como pensar sobre o futuro. Eles sabiam que o melhor procedimento era fazer com que cada pessoa expressasse sua opinião de forma independente e depois combinar as visões em um consenso. Kahneman decidiu tornar o exercício tangível pedindo a cada membro que estimasse a data em que o grupo conseguiria gerar a versão preliminar do livro para o ministro da Educação.

Kahneman verificou que as estimativas se agrupavam em torno de dois anos e que todos, incluindo o diretor, estimavam entre 18 e 30 meses. Kahneman, em seguida, percebeu que o diretor já se envolvera em projetos semelhantes. Quando perguntado, ele respondeu que conhecia vários grupos semelhantes, incluindo alguns que tinham trabalhado no desenvolvimento de cursos de biologia e matemática. Então Kahneman fez a pergunta óbvia: "Quanto tempo levou para terminarem?"

O diretor corou e respondeu que 40% dos grupos que haviam iniciado projetos semelhantes nunca terminaram e que nenhum dos grupos tinha conseguido terminar antes de sete anos. Vendo apenas uma maneira de reconciliar a resposta otimista do diretor sobre esse grupo com seu conhecimento das limitações dos demais grupos, Kahneman perguntou como o desempenho desse grupo se comparava ao dos demais. Após uma pausa, o diretor respondeu: "Abaixo da média, mas não muito."[20]

Como incorporar a visão externa às suas decisões

Kahneman e Amos Tversky, psicólogo que colaborou por muitos anos com Kahneman, publicaram um processo em várias etapas para ajudar as pessoas a usarem a visão externa.[21] Transformei seus cinco passos em quatro e acrescentei algumas ideias. Eis aqui os quatro passos:

1. *Selecione uma classe de referência.* Encontre um grupo de situações, ou uma classe de referência, que seja ampla o suficiente para ser estatisticamente significativa mas limitada o suficiente para ser útil na análise da decisão que você precisa tomar. A tarefa pode ser tanto arte quanto ciência, e, certamente, é mais capciosa para problemas que poucas pessoas já enfrentaram. No entanto, para decisões comuns – mesmo se não forem comuns para você –, a identificação de uma referência é direta. Preste atenção nos detalhes. Veja o exemplo das fusões e aquisições. Sabemos que os acionistas das empresas adquirentes perdem dinheiro na maioria das transações desse tipo. Mas um olhar mais atento aos dados revela que o mercado responde mais favoravelmente aos acordos à vista realizados com ágio baixo do que os financiados com ações com altos ágios. Assim, as empresas podem melhorar suas chances de lucrar com uma aquisição sabendo quais acordos tendem a ser bem-sucedidos.

2. *Avalie a distribuição dos resultados.* Assim que tiver uma classe de referência, analise a taxa de sucesso e fracasso. Por exemplo, menos de um em seis cavalos na posição de Big Brown ganhou a Tríplice Coroa. Estude a distribuição e observe o resultado médio, o mais comum e os casos extremos de sucesso ou fracasso.

    Em seu livro *Full House,* Stephen Jay Gould, que era paleontologista da Harvard University, mostrou a importância de saber a distribuição dos resultados após ter sido diagnosticado com mesotelioma. Seu médico explicou que metade das pessoas que sofrem desse raro tipo de câncer viveu apenas oito meses (mais tecnicamente, a mortalidade média era de oito meses), aparentemente uma sentença de morte. No entanto, Gould logo percebeu que, embora metade dos pacientes morresse em oito meses, a outra metade vivia muito mais. Por causa de sua idade relativamente jovem na data do diagnóstico, havia boas chances de ele ser um dos felizardos. Gould escreveu: "Fiz a pergunta certa e encontrei as respostas. Obtive, em todas as probabilidades, o mais precioso de todos os presentes possíveis naquela circunstância – tempo." Gould viveu mais 20 anos.[22]

Duas outras questões merecem destaque. A taxa estatística de sucesso e fracasso deve ser razoavelmente estável ao longo do tempo para que determinada classe de referência seja válida. Se as propriedades do sistema mudam, tirar inferências de dados passados pode ser enganoso. Essa é uma questão importante quando se trata de finanças pessoais, em que os consultores fazem recomendações para a alocação de ativos para seus clientes com base em estatísticas históricas. Como as propriedades estatísticas dos mercados mudam com o tempo, um investidor pode acabar com uma combinação errada de ativos.

Também é importante prestar atenção nos sistemas em que pequenas perturbações podem levar a mudanças de grande porte. Como causa e efeito são difíceis de identificar nesses sistemas, basear-se em experiências passadas é mais difícil. As empresas que são movidas por produtos de sucesso, como filmes ou livros, são bons exemplos. Os produtores e editores encontram muita dificuldade em prever resultados, porque o sucesso e o fracasso baseiam-se, em grande parte, na influência social, um fenômeno inerentemente imprevisível.

3. *Faça uma previsão.* Com os dados de sua classe de referência em mãos, tendo consciência da distribuição dos resultados, você está em posição de fazer uma boa previsão. A ideia é estimar suas chances de sucesso e fracasso. Por todos os motivos já discutidos, há grandes chances de que sua previsão venha a ser muito otimista.

    Às vezes, quando você encontra a classe de referência certa, verá que a taxa de sucesso não é muito alta. Por isso, para melhorar suas chances de sucesso, é preciso fazer algo diferente dos outros. Um exemplo é a estratégia que os técnicos dos times de futebol americano utilizam para determinar a sequência de jogadas nos jogos da National Football League (NFL) em situações críticas, chamada "*play calling*", que inclui *fourth downs*, chutes iniciais e tentativas de conversão de dois pontos. Como em muitos outros esportes, as formas convencionais de tomar decisões sobre essas situações são passadas de uma geração de treinadores a outra. No entanto, esse processo antigo de tomada de decisões significa marcar menos pontos e ganhar menos jogos.

    Chuck Bower, astrofísico da Indiana University, e Frank Frigo, ex-campeão mundial de gamão, criaram um programa de computador chamado Zeus para avaliar as decisões de *play calling* dos treinadores de futebol profissional. O programa Zeus usa as mesmas técnicas de modelagem que foram utilizadas com sucesso em programas de gamão e xadrez, e os criadores o alimentam com estatísticas e traços comportamentais dos treinadores. Bower e Frigo verificaram que somente quatro equipes, das 32 existentes na liga, tomavam decisões cruciais que coincidiam com Zeus mais da metade das vezes, e que nove equipes tomavam decisões que concordavam com o programa menos de um quarto das vezes. Zeus estima que essas decisões ruins podem custar a determinada equipe mais de uma vitória por ano, um preço alto em uma temporada de 16 jogos.

A maioria dos treinadores segue a sabedoria convencional, porque foi assim que aprenderam, e são avessos às consequências negativas percebidas de romper com práticas passadas. Mas o programa Zeus mostra que a visão externa pode levar a mais vitórias para o treinador que estiver disposto a romper com a tradição. Essa é uma oportunidade para treinadores dispostos a pensar duas vezes.[23]

4. *Avalie a confiabilidade da previsão no futuro.* Nossa capacidade de tomar decisões depende muito do que estamos tentando prever. Quem faz a previsão do tempo, por exemplo, consegue prever muito bem qual será a temperatura amanhã. Os editores, por outro lado, não são muito bons em identificar vencedores, com exceção de uma meia dúzia de autores consagrados. Quanto pior o histórico da previsão de sucesso, mais será preciso ajustar sua previsão em direção à média (ou outra medida estatística relevante). Quando causa e efeito são claros, você ganha mais confiança em sua previsão.

A principal lição da visão interna/externa é que, embora os melhores tomadores de decisões, em geral, se valham de seu caráter único, as melhores decisões, muitas vezes, derivam da semelhança. Não me entenda mal. Não estou defendendo decisões diretas, sem criatividade, imitadoras ou livres de riscos. Estou dizendo que existe uma gama de informações úteis baseadas em situações que são semelhantes a outras, que enfrentamos todos os dias. Ignoramos essas informações em nosso próprio prejuízo. Prestar atenção a essa gama de informações ajudará você a tomar decisões mais eficazes. Lembre-se dessa discussão da próxima vez que um competidor na Tríplice Coroa surgir com chances exageradamente otimistas.

# CAPÍTULO 2

Aberto a opções

Como o número do telefone pode influenciar suas decisões

AS SIGNIFICATIVAS CONTRIBUIÇÕES de Daniel Kahneman para nos ajudar a entender como as pessoas pensam e agem devem ser parte integral da formação de qualquer profissional. Durante uma reunião que tive com ele, seu comentário sobre a heurística da ancoragem e ajustamento realmente me chamou atenção. Eis um exemplo de como essa heurística funciona, com base em um exercício que fiz com meus alunos da Columbia Business School. Dei a eles um formulário que solicitava dois números.[1] Se você nunca tiver feito este exercício, aproveite a oportunidade e anote as respostas.

1. Os últimos quatro dígitos do número de seu telefone:
   _____

2. Número estimado dos médicos que atuam em Manhattan:
   _____

A heurística da ancoragem e do ajustamento tem um viés que prevê que os números de telefone influenciarão as estimativas do número de médicos. Em minha turma, os alunos cujos números de telefone terminavam em 0000–2999 estimaram uma média de 16.531 médicos, enquanto aqueles com números 7000-9999 estimaram 29.143, uma diferença de 75%. Kahneman reportou um padrão semelhante quando administrou o teste a seus alunos. (Pelo que eu sei, existem aproximadamente 20 mil médicos em Manhattan.)

Evidentemente, as pessoas sabem que os últimos quatro dígitos de seu telefone nada têm a ver com a população de médicos de Manhattan, mas o ato de pensar sobre uma soma arbitrária antes de fazer a estimativa revela uma tendência poderosa. O que parece óbvio é que os alunos, provavelmente, teriam feito uma estimativa diferente caso a ordem das perguntas fosse outra.

Na hora de decidir, as pessoas, muitas vezes, começam com informações ou características específicas (âncora) e ajustam esse dado conforme necessário para chegar a uma resposta final. A tendência é que as pessoas façam ajustes insuficientes a partir da âncora, levando a respostas imprecisas. Sistematicamente, a resposta final tende a se aproximar demais da âncora, quer ela seja sensível ou não.[2]

No entanto, o ponto que Kahneman enfatizou foi que, mesmo que o grupo entenda o que significa ancoragem, o conceito não é absorvido. Ou seja, podemos fazer a experiência logo após uma discussão sobre o conceito e *ainda assim* identificar a tendência em ação. O principal motivo, segundo os psicólogos, é o fato de a ancoragem ser predominantemente subconsciente.

Modelos mentais dominam o seu mundo

A ancoragem é sintomática do erro mais abrangente que será tratado neste capítulo: pouca consideração dada às alternativas. Na forma mais direta, podemos chamá-lo de visão de túnel. Não considerar opções ou possibilidades pode levar a graves consequências, que incluem diagnósticos médicos errados ou confiança exagerada em determinado modelo financeiro. Assim, o que acontece em nossas mentes que nos faz ter uma visão tão estreita?

Uma de minhas explicações favoritas vem de Phillip Johnson-Laird, psicólogo conhecido por sua teoria dos modelos mentais. Johnson-Laird argumenta que, quando pensamos, "usamos a percepção, os significados de palavras e frases, a significância das proposições que expressam nosso conhecimento. Na verdade, usamos tudo que temos para pensar nas possibilidades e representamos cada possibilidade em um modelo mental do mundo".[3]

Alguns aspectos da descrição de Johnson-Laird merecem destaque. Em primeiro lugar, as pessoas pensam a partir de uma série de premissas e consideram apenas as possibilidades compatíveis. Como resultado, não consideram o que acreditam ser falso. Pense em uma mão de cartas, a respeito da qual apenas uma das três afirmativas a seguir é verdadeira:

- Contém um rei, um ás ou ambos.

- Contém uma dama, um ás ou ambos.

- Contém um valete, um dez ou ambos.

Considerando as três afirmativas, a mão pode conter um ás?

Johnson-Laird apresentou esse problema a muitas pessoas inteligentes, e a maioria acredita que a resposta é positiva. No entanto, não é. Se houvesse um ás na mão, as primeiras duas afirmativas seriam verdadeiras, violando a condição de que somente uma das afirmativas é verdadeira.[4] Podemos pensar nas premissas e suas alternativas como um feixe de luz que brilha somente nos possíveis resultados percebidos, deixando muitas alternativas viáveis no escuro.

Em segundo lugar, e relacionado ao primeiro, está o fato de que a forma como as pessoas analisam um problema – como ele é descrito, como elas se sentem a respeito e seu conhecimento individual – influencia sua maneira de pensar sobre o problema. Como não somos bons lógicos, a apresentação de determinado problema influencia muito nossa forma de escolher. As descobertas da teoria prospectiva nas últimas quatro décadas, incluindo a heurística comum e as tendências associadas, fundamentam esse ponto. Veremos várias dessas tendências em nossos erros causados pela visão de túnel.

Por fim, um modelo mental é uma representação interna de uma realidade externa, uma representação incompleta que troca os detalhes pela velocidade.[5] Uma vez formados, os modelos mentais substituem processos de raciocínio complicados, mas só serão bons se forem capazes de ter correspondência com a realidade. Um modelo mental inadequado levará a um fiasco na tomada de decisão.[6]

Nossas mentes estão apenas tentando encontrar uma resposta – o diagnóstico para um paciente doente, o preço certo para determinada aquisição, o que vai acontecer no próximo capítulo da novela –, e possuem rotinas para obter a resposta rapidamente, muitas vezes com eficiência. No entanto, encontrar a solução certa de forma rápida e eficiente significa ponderar o que parecem ser os resultados prováveis e deixar de fora várias possibilidades. Durante boa parte de nosso passado evolucionário isso funcionou bem. Mas os padrões causais que funcionaram em um ambiente natural dezenas de milhares de anos atrás muitas vezes não se sustentam no mundo tecnológico atual. Assim, quando os riscos são altos, devemos desacelerar e jogar luz na mais ampla gama de resultados possíveis.

Contente-se com o plausível

A visão de túnel é a fonte de inúmeros erros, e precisamos apenas pensar na heurística da ancoragem e do ajustamento, e no viés associado, para enxergar o primeiro desses erros. Por que as pessoas não fazem ajustes suficientes a partir de determinada âncora para chegar a uma estimativa precisa? Um trabalho de Nicholas Epley, psicólogo da University of Chicago Business School, e Thomas Gilovich, psicólogo da Cornell University, sugere que comecemos com uma âncora e depois partamos em busca da resposta certa. Entretanto, a maioria de nós para de ajustar assim que chega a um valor considerado plausível ou aceitável.

Em um experimento, os psicólogos pediram aos participantes que respondessem a seis perguntas que possuíam âncoras naturais. Por exemplo, pediram aos participantes que estimassem o ponto de congelamento (em Fahrenheit) da vodca, em que a âncora natural seria 32 graus, o ponto de congelamento da água. Em seguida, pediram aos participantes que definissem uma faixa que especificasse suas estimativas plausíveis mais altas e mais baixas. Para a pergunta da vodca, a estimativa média foi 12 graus e a faixa de valores foi de 23 a -7 graus (a vodca congela a -20 graus Fahrenheit). De acordo com Epley e Gilovich, esses resultados sugerem que o ajustamento em relação à âncora "envolve a busca por estimativas plausíveis" e que os indivíduos terminam de ajustar os valores assim que alcançam o que acreditam ser uma resposta razoável.[7]

Também podemos ver as consequências da ancoragem e do ajustamento nas negociações. Gregory Northcraft e Margaret Neale, psicólogos que estudam as técnicas de negociação, apresentaram a um grupo de agentes imobiliários o histórico de determinado imóvel, seu tamanho, amenidades e transações recentes de imóveis comparáveis. Para avaliar o efeito da ancoragem, os pesquisadores deram aos agentes diferentes listas de preços para o mesmo imóvel. Com certeza, os agentes que viram uma lista de preços altos avaliaram o imóvel com um valor substancialmente mais alto do que os que viram a lista de preços baixos (Figura 2-1). Vale observar também que menos de 20% dos agentes reportaram o uso dos dados da lista de preços em sua avaliação, insistindo, em vez disso, que sua avaliação havia sido feita de forma independente. Essa tendência é perniciosa em grande medida porque não temos consciência dela.[8]

FIGURA 2-1

Corretores de imóveis subconscientemente baseiam suas decisões em valores preestabelecidos

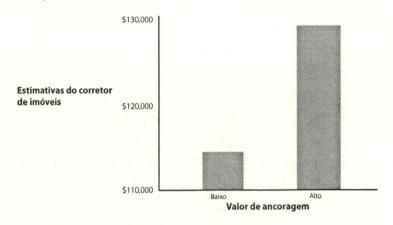

Fonte: Adaptado de Gregory B. Northcraft e Margaret A. Neale, "Experts, Amateurs, and Real Estate: An Anchoring-and-Adjustment Perspective on Property Pricing Decisions", *Organizational Behavior and Human Decision Processes* 39, nº 1 (1987): 84-97.

A ancoragem é relevante em transações comerciais ou negociações políticas que envolvem altos riscos. Em situações com informações limitadas ou incertezas, as âncoras podem influenciar muito o resultado. Por exemplo, os estudos mostram que a parte que faz a primeira oferta pode se beneficiar de um forte efeito de ancoragem em situações ambíguas. O desenvolvimento e o reconhecimento de uma ampla gama de resultados é a melhor proteção contra o efeito de ancoragem caso você esteja do outro lado da mesa de negociações.[9]

Julgando livros pelas capas

Em seu livro *How Doctors Think*, o Dr. Jerome Groopman descreve um musculoso guarda-florestal que foi socorrido de emergência com fortes dores no peito. O médico de plantão ouviu cuidadosamente os sintomas do guarda, avaliou a lista de sintomas de doenças cardíacas e pediu uma série de testes padrão. Todos os resultados foram ótimos. Esses resultados, juntamente com a aparência saudável do paciente, levaram o médico a garantir que havia cerca de zero por cento de chance de o seu coração ser a fonte do problema.

No dia seguinte, o guarda-florestal voltou ao hospital, porque sofrera um infarto. Felizmente, ele sobreviveu, mas o médico que o atendera no dia anterior ficou fora de si. Em retrospecto, o médico percebeu que fora vítima de um viés oriundo da heurística da representatividade. Esse viés, o segundo de nossos erros de decisão, nos faz tirar conclusões apressadas com base em categorias representativas em nossas mentes, negligenciando possíveis alternativas. O batido aforismo "não julgue um livro pela capa" descreve bem essa tendência, estimulando-nos a ficar abertos a opções mesmo quando nossas mentes procuram bloqueá-las. Nesse caso, o erro do médico foi desconsiderar um ataque cardíaco porque o paciente parecia ser um modelo de saúde e preparo físico. "Precisamos preparar nossas mentes para os casos atípicos, sem ficarmos afoitos para garantir a nós mesmos e ao paciente que está tudo OK", ponderou mais tarde o médico.[10]

A heurística da disponibilidade, ou seja, julgar a frequência ou a probabilidade de determinado evento com base no que está prontamente disponível na memória, representa um desafio relacionado. Tendemos a dar importância demais à probabilidade de algo acontecer se já vimos isso recentemente ou se essa situação estiver vívida em nossas mentes. Groopman conta a história de uma mulher que foi atendida no hospital com uma febre baixa e um ritmo respiratório acelerado. Sua comunidade recentemente havia vivido uma onda de pneumonia viral, criando disponibilidade mental para o médico. Seu diagnóstico foi de um caso subclínico, sugerindo que ela estava com pneumonia, mas que os sintomas ainda precisavam se manifestar. Em vez disso, a paciente fora vítima de intoxicação por aspirina. Ela havia tomado muitas aspirinas tentando tratar o resfriado, e a febre e o ritmo respiratório acelerado eram sintomas clássicos. No entanto, o médico não os levou em conta, porque a pneumonia viral estava vívida em sua memória. Como a representatividade, a disponibilidade nos estimula a ignorar as alternativas.[11]

Pense bem sobre como a heurística da representatividade e da disponibilidade podem influenciar suas decisões. Você já julgou alguém unicamente com base em sua aparência? Você já ficou com medo de voar depois de ouvir sobre um acidente de avião? Se a resposta for afirmativa, você é um ser humano normal. Mas também corre o risco de não compreender, ou sequer considerar, outros resultados plausíveis.

A tendência é sua amiga?

Vamos fazer um pequeno jogo. Analisando a sequência aleatória de quadrados e círculos (Figura 2-2), que forma você esperaria encontrar em seguida?

FIGURA 2-2

Fonte: Adaptado de Jason Zweig. *Your Money and Your Brain: How the New Science of Neuroeconomics Can Help Make You Rich* (Nova York: Simon & Schuster, 2007).

As mentes da maioria das pessoas sugerem enfaticamente a mesma resposta: outro quadrado. Isso nos leva ao terceiro erro comum, uma tendência a extrapolar resultados passados de forma inadequada. Scott Huettel, psicólogo e neurocientista da Duke University, e seus colegas confirmaram esse achado quando examinaram pacientes em uma máquina de ressonância magnética funcional (fMRI) e mostraram a eles padrões aleatórios de círculos e quadrados. Depois de um símbolo, as pessoas não sabiam o que esperar em seguida. Mas depois de dois símbolos seguidos, elas, automaticamente, esperavam um terceiro, embora soubessem que a série era aleatória. Dois podem não constituir uma tendência, mas nossos cérebros pensam que sim.[12]

Esse erro é brutal porque nossas mentes têm um profundo desejo de definir padrões e nosso processo de previsão é muito rápido (os pesquisadores chamam-no de "automático e obrigatório"). Essa capacidade de reconhecimento de padrões evoluiu ao longo dos milênios e foi extremamente útil na maior parte da existência humana. "Em um ambiente natural, quase todos os padrões são de previsão", afirma Huettel. "Por exemplo, quando ouvimos um barulho atrás de nós, não é algo artificial; pode significar que um galho está caindo, e que precisamos sair do caminho. Assim, evoluímos para buscar esses padrões. Mas essas relações causais não necessariamente se sustentam no mundo tecnológico que pode gerar irregularidades, e em que buscamos padrões onde eles não existem."[13]

A extrapolação permite uma análise mais detalhada de vários outros erros. Podemos repetir que o problema da indução é uma projeção inadequada em direção ao futuro, com base em um número limitado de observações. Não conseguir refletir a reversão para a média é resultado da extrapolação do desempenho anterior no futuro sem dar peso adequado ao papel da sorte. Os modelos baseados em resultados passados fazem previsões acreditando que o futuro será caracteristicamente semelhante à história. Em cada caso, nossas mentes – ou os modelos que nossas mentes constroem – fazem previsões sem considerar corretamente outras possibilidades.

Quando estiver em dúvida, racionalize a decisão

A dissonância cognitiva é uma faceta de nosso próximo erro, a rigidez que resulta do desejo humano inato de ser consistente interna e externamente.[14] Essa teoria, desenvolvida na década de 1950 por Leon Festinger, psicólogo social, surge quando "uma pessoa possui duas cognições – ideias, atitudes, crenças, opiniões – que são psicologicamente inconsistentes".[15] A dissonância causa um desconforto que nossas mentes procuram reduzir.

Muitas vezes resolvemos o desconforto descobrindo como justificar nossas ações, por exemplo, o homem que reconhece que usar o cinto de segurança aumenta a segurança, mas que não o faz. Para reduzir a dissonância, ele pode racionalizar a decisão observando que o cinto é desconfortável ou alegando que sua capacidade de dirigir acima da média afastará qualquer perigo. Um pouquinho de autoilusão não faz mal a ninguém, porque geralmente os riscos são baixos e ela nos proporciona boas noites de sono.

Mas a autojustificativa torna-se um grande problema quando os riscos são altos. Uma pesquisa histórica mostra o comportamento deplorável de ditadores malevolentes, extremistas religiosos ou executivos inescrupulosos que justificaram seu próprio comportamento ao prejudicar outras pessoas. Existem alguns exemplos que mostram até onde a mente humana pode ir para resolver conflitos internos.

Enquanto outros garotos de 14 anos queriam ser astronautas ou bombeiros, Kurt Wise sonhava com um Ph.D. em Harvard e em lecionar em uma grande universidade. Depois de se formar na University of Chicago, Wise realizou parte de seu sonho ao ser aceito em Harvard para o doutorado em Geologia como aluno de Stephen Jay Gould, o renomado paleobiológo. A tese de Wise complementou o registro de fósseis oferecendo um método estatístico para inferir o período em que determinada espécie viveu, frequentemente milhões de anos atrás. Sua contribuição foi plenamente consistente com a bem-estabelecida teoria evolucionária.

Por que mencionar as qualificações de Wise? Em contradição direta com seu treinamento científico, Wise é um "jovem criacionista", alguém que acredita no relato bíblico literal da criação da Terra por Deus apenas alguns milhares de anos atrás. O conflito na mente de Wise foi tamanho que ele decidiu ler a Bíblia minuciosamente e retirar todos os versículos que eram inconsistentes com a teoria evolucionária. O projeto levou meses, e quando terminou, a verdade que ele temia apareceu: pouco sobrou da Bíblia. Assim, Wise precisou decidir entre a teoria da evolução e as escrituras. Ele escolheu as escrituras. Em suas próprias palavras: "Foi naquela noite que eu aceitei a Palavra de Deus e rejeitei tudo que pudesse contradizê-la, inclusive a evolução." Ele continua dizendo: "Se todas as provas no universo estivessem contra o criacionismo, eu seria o primeiro a admiti-lo, mas ainda assim seria um criacionista. Esta é a minha posição."[16]

Em meados da década de 1950, um trio de cientistas, incluindo Festinger, ouviu falar de um pequeno grupo de Illinois que alegava receber lições de seres espirituais de outros planetas. Os cientistas infiltraram-se no grupo e coletaram relatos em primeira mão sobre as reuniões e eventos. Com o tempo, os membros passaram a acreditar que os extraterrestres haviam compartilhado um mau presságio sobre uma enchente que destruiria o mundo em 21 de dezembro. A boa notícia era que as naves espaciais desceriam à meia-noite para resgatar os membros do culto.

Antes do dia D, os membros do culto apresentavam dois comportamentos aparentemente contraditórios. Por um lado, mantinham ou aumentavam seu compromisso para com o grupo abandonando os empregos, interrompendo seus estudos e doando seus bens na expectativa de começarem vida nova. Por outro lado, pouco faziam para ajudar os demais, além de divulgar notícias vagas sobre o desastre iminente.

Na noite de 20 de dezembro, os crentes se reuniram na casa de Marian Keech, uma das líderes espirituais do grupo, à espera dos extraterrestres. Quando meia-noite chegou e passou, os membros ficaram perturbados. Durante uma folga depois das 4 horas da manhã, Thomas Armstrong, que também era um líder do grupo, confidenciou para um dos infiltrados: "Não ligo para o que vai acontecer hoje. Não posso ter dúvidas. Não duvido mesmo se tivermos de fazer um anúncio para a imprensa amanhã e admitir que estávamos errados."[17] Observe a surpreendente semelhança entre os comentários de Wise e os de Armstrong.

Por volta das 4h45 da manhã chegou uma mensagem para a Sra. Keech: o culto tinha sido uma "força do Bem" tão incrível que o mundo fora poupado de seu terrível destino. Isso deu ânimo aos membros do grupo, mas uma segunda mensagem logo após a primeira fez uma diferença ainda maior. O grupo deveria divulgar essa "mensagem de Natal" para os jornais imediatamente e em detalhes completos. Assim, os membros exaustos, liderados pela Sra. Keech, começaram a ligar para os jornais, estações de rádio e serviços de notícias. A partir daí, o grupo se abriu. "A casa ficou lotada com os agora bem-vindos repórteres de jornais, rádios e televisões", escreveram os cientistas, "e de visitantes que chegavam em hordas."[18]

Embora a dissonância cognitiva envolva consistência interna, o viés da confirmação envolve consistência externa. O viés da confirmação ocorre quando um indivíduo procura informações que confirmem determinada crença ou visão e desconsiderem, ou "desconfirmem", evidências contraditórias.[19] Robert Cialdini, psicólogo social da Arizona State University, observa que a consistência oferece dois benefícios. Em primeiro lugar, permite que paremos de pensar sobre determinado problema, o que nos dá uma folga mental. Em segundo lugar, a consistência nos libera das consequências da razão, a saber, mudar de comportamento. A primeira permite que evitemos pensar e a segunda, que evitemos agir.[20]

Quando o rádio se tornou popular nas décadas de 1920 e 1930 nos Estados Unidos, alguns psicólogos ficaram preocupados com a possível influência que a mídia exerceria sobre o público vulnerável. Havia um temor de que todos que ouvissem a mesma mensagem ao mesmo tempo poderiam apresentar um comportamento em massa, não intencional e coordenado. Elihu Katz e Paul Lazarsfeld, proeminentes sociólogos, refutaram essa visão. O trabalho deles mostrou que as pessoas continuavam fazendo o que faziam antes, independentemente da mídia.[21]

Quando Katz e Lazarsfeld estudaram o motivo pelo qual a mídia tinha uma influência tão sutil nas pessoas, descobriram que as pessoas são seletivas em termos de exposição e retenção. Na verdade, a maioria das pessoas vê e ouve o que quer e desconsidera todo o resto. Por exemplo, um memorando do governo explicou as exigências do ex-vice-presidente Dick Cheney quando ele foi para um hotel. As exigências incluíam quatro latas de Sprite diet, uma jarra de café descafeinado, temperatura ambiente de 20ºC e todos os televisores sintonizados na Fox News, o canal que melhor refletia seus pontos de vista.[22] Esta faceta do viés da confirmação, a exposição e a retenção seletivas, minimiza nossa exposição a ideias diversificadas.

Drew Westen, psicólogo da Emory University, e seus colegas realizaram um estudo sobre exposição e retenção seletivas entre os partidários políticos. Os estudiosos distribuíram pesquisas de opinião a democratas e republicanos convictos e mais tarde os submeteram a sessões de ressonância magnética funcional, varrendo seus cérebros à medida que liam slides. As afirmativas incluíam comentários claramente inconsistentes dos candidatos presidenciais democratas e republicanos e algumas pessoas politicamente neutras.

Os partidários não tinham problema algum em ver as contradições no candidato da oposição, dando pontuação próxima a 4 em uma escala de discrepância de quatro pontos. Mas quando seu próprio candidato era inconsistente, a escala de discrepância média foi próxima a 2, sugerindo que viam contradição mínima. Finalmente, nem democratas nem republicanos reagiram fortemente às contradições neutras (Figura 2-3).[23]

FIGURA 2-3

Os partidários observam discrepâncias no outro partido, mas não em seu próprio

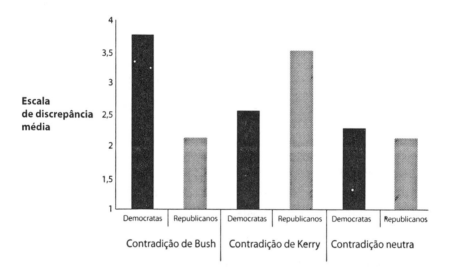

Fonte: Drew Westen, Pavel S. Blagov, Keith Harenski, Clint Kilts e Stephan Hamann, "Neural Bases of Motivated Reasoning: An fMRI Study of Emotional Constraints on Partisan Political Judgment in the 2004 U.S. Presidential Election". *Journal of Cognitive Neuroscience* 18, nº 11 (2006): 1951.

As imagens cerebrais foram igualmente reveladoras e seguiram um padrão semelhante. Quando os partidários viam informações com as quais não concordavam, nenhum dos circuitos envolvidos com o raciocínio consciente estava muito ativo. No entanto, quando viam o que gostavam, seus cérebros eliminavam estados emocionais negativos e ativavam os positivos. Os cérebros dos partidários, maciçamente, reforçavam o que já acreditavam.[24]

O estudo dos partidários políticos mostra o enorme papel que a atenção desempenha na visão de túnel. Prestar muita atenção a um elemento significa que você não está prestando muita atenção a outros, criando, frequentemente, uma forma de cegueira. Todos os anos mostro um vídeo para meus alunos que demonstra esse fenômeno. Daniel Simons e Christopher Chabris, psicólogos que estudam percepção, criaram o agora famoso vídeo de 30 segundos que mostra dois times de basquete, um de branco e outro de preto, em um local qualquer. Os times trocam passes. Peço aos alunos que contem o número de passes feitos pelo time de branco, o que é bem difícil porque os jogadores se movimentam o tempo todo. É claro que os alunos sabem que existe algum truque, por isso, concentram sua atenção na tarefa.

Existe um truque. Mais ou menos no meio do vídeo uma pessoa vestindo uma fantasia de gorila entra em cena, bate no peito e sai caminhando. Menos de 60% dos alunos concentrados na desafiadora tarefa visual perceberam o gorila. Em seguida, repito o vídeo e peço que os alunos assistam sem se preocupar com a tarefa. Sempre há risadas altas quando o gorila entra em cena. Meus resultados são muito semelhantes aos que os pesquisadores reportaram.

Vamos encarar os fatos: todos nós temos uma capacidade de atenção limitada. Se você direciona toda essa capacidade para uma única tarefa, não sobra nada. Assim, devemos estar alertas para tentar encontrar um equilíbrio entre a resolução de problemas específicos e um contexto mais abrangente.[25]

Existe outro fator que contribui para a visão de túnel, e é algo que todos nós entendemos – estresse. Como muitas coisas na vida, um pouco de estresse (ou muito durante um período curto de tempo) é bom. Estresse demais pode afetar nosso raciocínio, reduzindo nossa capacidade de pensar a longo prazo.

O estresse, muitas vezes, é útil. A resposta padrão ao estresse mobiliza a energia para os músculos, aumentando o ritmo cardíaco, a pressão sanguínea e a respiração. Altos níveis de estresse ajudam seu sistema sensorial. Por exemplo, policiais reportam que, durante tiroteios, sua acuidade visual e foco melhoram, eles sentem o tempo desacelerar e não ouvem outros sons. Em um breve instante, a mente pode se concentrar intensamente na tarefa em questão. Essa reação é valiosa em circunstâncias extraordinárias.[26]

Entretanto, o estresse é ruim se for constante. Os animais têm uma resposta ao estresse quando enfrentam ameaças físicas – imagine um leão perseguindo uma zebra –, mas se acalmam assim que a ameaça desaparece. Embora os humanos sejam periodicamente ameaçados fisicamente, a maior parte de nosso estresse vem de tensões emocionais resultantes de prazos de trabalho, preocupações financeiras e problemas de relacionamento. Basicamente, a resposta ao estresse é a mesma, quer seja resultante de provocação física ou psicológica. Diferentemente da maior parte do reino animal, podemos sofrer estresse psicológico crônico. Eventos ativam nossa resposta ao estresse e não conseguimos desativá-la. A mobilização de nosso corpo para responder a ameaças de curto prazo é um feito impressionante, mas a mesma resposta é profundamente prejudicial a nossa saúde se for mantida constantemente ativada.

Robert Sapolsky, neurobiólogo da Stanford University e especialista em estresse, observa que uma característica importante da resposta ao estresse é que ela desativa os sistemas de longo prazo. Não é preciso se preocupar com sua digestão, crescimento, prevenção de doenças ou reprodução se você estiver prestes a virar almoço de um leão. A resposta ao estresse é, segundo Sapolsky, "imediatista". E isso contribui para a visão de túnel.

Pessoas estressadas se esforçam para pensar a longo prazo. O gerente que está prestes a perder seu emprego tem pouco interesse em tomar uma decisão que vai melhorar sua situação em três anos. O estresse psicológico cria um senso de imediatismo que inibe qualquer consideração das opções com retorno distante. A resposta ao estresse, tão eficaz na hora de lidar com riscos imediatos, coopta o aparato para a tomada de decisões e gera decisões ruins.[27]

Incentivos, ou o que eu ganho com isso?

Os incentivos importam, segundo alegam economistas de forma bastante contundente. Um incentivo é qualquer fator, financeiro ou não, que estimule determinada decisão ou ação. Em muitas situações, os incentivos criam um conflito de interesse que compromete a capacidade de as pessoas considerarem alternativas de forma adequada. Portanto, quando avaliamos nossas decisões ou as decisões de outras pessoas, devemos considerar as opções que os incentivos estimulam.

A neurocirurgiã Katrina Firlik relata um exemplo: em uma conferência sobre cirurgia da coluna, um cirurgião apresentou o caso de uma paciente com uma hérnia de disco no pescoço e a dor causada por um nervo pinçado. Ela já tinha sido submetida a tratamentos conservadores típicos que fracassaram, como terapia física, medicação e repouso.

O cirurgião pediu que a plateia votasse em algumas opções para cirurgia. A primeira era uma abordagem anterior, mais recente, em que o cirurgião remove o disco inteiro, o substitui por um plugue e funde os discos. A grande maioria das pessoas escolheu essa opção. A segunda alternativa era a abordagem posterior, mais antiga, em que o cirurgião remove somente a parte do disco que está comprimindo o nervo. Não há necessidade de fusão porque o procedimento deixa boa parte do disco intacto. Somente alguns membros da plateia escolheram essa opção.

O orador perguntou à plateia, que era basicamente composta por homens: "E se a paciente fosse sua mulher?" A preferência se inverteu. O principal motivo é que o valor que os cirurgiões recebem pelo procedimento mais novo e mais complicado é geralmente várias vezes o montante que recebem pelo procedimento mais antigo.[28]

Os incentivos também desempenharam um papel importante na crise financeira de 2007-2009. Vamos considerar o mercado de hipotecas de alto risco, que foi, "sem dúvida alguma, a fonte original da crise", de acordo com Alan Greenspan, ex-presidente do Federal Reserve (FED). As pessoas que não conseguiam atender aos elevados padrões de crédito devido a um histórico ruim ou limitado conseguiram obter empréstimos de montantes sem precedentes de dinheiro, muitas vezes com taxas de juros iniciais baixas. As hipotecas de alto risco passaram de 10% das novas hipotecas no final da década de 1990 para 20% em 2006, e mutuantes sem regulação representavam o grosso desse volume. Esses mutuários de risco foram os primeiros a enfrentar problemas quando os preços das casas caíram, ocasionando uma cascata de perdas em todo o sistema financeiro.

Embora deixar o mercado hipotecário de risco crescer dessa forma tenha sido claramente ruim, os incentivos para os participantes estimularam fortemente esse movimento. Por exemplo:

- Pessoas com baixo padrão de crédito tinham oportunidade de comprar as belas casas que desejavam.

- Os mutuantes recebiam comissões sobre os empréstimos feitos, o que os estimulava a relaxar os padrões para a concessão de crédito. Eles também não se prendiam às hipotecas na maioria dos casos, por isso seus incentivos eram, basicamente, para crescer em vez de emprestar com cautela.

- Os bancos de investimentos compravam as hipotecas individuais e as agrupavam para revenda a outros investidores, ganhando uma comissão.

- As agências de classificação recebiam comissão para avaliar títulos com lastro nas hipotecas. Elas emitiram uma série de classificações AAA, sugerindo um alto nível de capacidade de financiamento.

- Os investidores em títulos lastreados por hipotecas classificadas como AAA obtinham retornos mais altos do que em outras emissões AAA. Como muitos desses investidores eram pagos de acordo com o desempenho do portfólio, o rendimento adicional gerava comissões mais altas.[29]

A confusão do crédito de risco revelou que o que pode parecer ótimo para agentes individuais em um sistema complexo pode ser menos favorável para o sistema como um todo. Mesmo na esteira do fracasso, vemos facilmente as motivações de cada constituinte da cadeia: mais casas, mais comissões, maior rendimento. Em um nível, essas motivações fazem sentido, mas quando todos os participantes buscaram alcançar seus objetivos sem se preocupar com o impacto mais abrangente no mercado imobiliário e no sistema financeiro como um todo, o sistema entrou em colapso. Para os fervorosos defensores dos mercados, esse fracasso coletivo foi especialmente assombroso. Greenspan escreveu: "Quem, como eu, acreditava que seria do interesse das instituições de empréstimo proteger o patrimônio dos acionistas, está em estado de choque e incredulidade."[30]

Muitas decisões ruins resultam de incentivos inadequados em vez de erros. Os vieses que acompanham os incentivos, em geral, são subconscientes. Max Bazerman, professor na Harvard Business School que estuda o processo decisório, e alguns pesquisadores pediram a mais de cem contadores que revisassem cinco vinhetas contábeis ambíguas e que julgassem a contabilidade em cada uma. Metade dos contadores foi informada que tinha sido contratada pela empresa e o restante foi informado que haviam sido contratados por uma outra empresa. Quem desempenhou o papel de auditor da empresa tinha 30% mais chances de achar que as opções estavam de acordo com os princípios contábeis, sugerindo que mesmo uma relação hipotética com a empresa afetara o julgamento. Os pesquisadores escreveram: "Talvez a característica mais notável dos processos psicológicos em ação nos casos de conflitos de interesse é que eles podem ocorrer sem qualquer intenção consciente de favorecer a corrupção." Os incentivos são um fator que contribui muito para a visão de túnel.[31]

Como evitar a armadilha da visão de túnel? Aqui está uma lista com cinco sugestões:

1. *Considere alternativas explicitamente.* Como sugerido pelo modelo de raciocínio de Johnson-Laird, os tomadores de decisões, em geral, não levam em consideração um número suficiente de alternativas. Você deve examinar uma gama completa de alternativas, utilizando orientações derivadas do mercado ou

probabilidade de base, quando apropriado, para mitigar a influência dos vieses da representatividade ou disponibilidade.

Para isso, os professores de negociação sugerem iniciar as conversações conhecendo sua melhor alternativa para um acordo negociado, seu preço para sair da transação e os mesmos dois tópicos da parte do outro lado da mesa de negociação. Esses números permitem que você melhore as chances de fechar um acordo vantajoso e evita surpresas. Em outros contextos também vale a pena enumerar suas alternativas de forma clara e completa.[32]

2. *Busque pontos de vista divergentes.* Muito mais fácil dizer do que fazer, mas a ideia é provar que seus pontos de vista estão errados. Existem algumas técnicas para isso. A primeira é fazer perguntas que poderiam suscitar respostas que possam contradizer suas próprias visões. Em seguida, ouça cuidadosamente as respostas. Faça o mesmo ao coletar dados: procure fontes confiáveis que ofereçam conclusões diferentes das suas. Isso ajuda a evitar inconsistências insensatas.[33]

Quando possível, cerque-se de pessoas que tenham opiniões divergentes. Isso é emocional e intelectualmente muito difícil, mas é altamente eficaz para revelar as alternativas disponíveis. Também reduz o risco do pensamento de grupo, quando os membros do grupo tentam alcançar consenso com o mínimo de conflito, evitando testar ideias alternativas. Abraham Lincoln personificou essa abordagem. Depois de sua improvável ascensão à Casa Branca, Lincoln nomeou uma série de adversários eminentes para posições importantes em seu Gabinete. Ele terminou conquistando o respeito dos ex-oponentes, enquanto sua equipe de rivais conduzia os Estados Unidos pela Guerra Civil.[34]

3. *Tome nota das decisões anteriores.* Nós, humanos, temos uma tendência estranha: assim que determinado evento passa, acreditamos que sabíamos mais sobre o desfecho de antemão do que de fato sabíamos. Isso se chama viés de retrospecto. A pesquisa mostra que as pessoas não conseguem lembrar como determinada situação incerta se apresentava para elas antes de descobrirem os resultados.

Minha família estava a caminho do aeroporto para embarcar em uma viagem de férias. Poderíamos ter seguido pela Interstate 95 ou pela Merritt Parkway, duas rotas praticamente iguais. Ouvi o boletim de trânsito, ouvi que as duas vias estavam livres e escolhi a Interstate 95. Poucos minutos depois enfrentamos um engarrafamento causado por um acidente. Depois de passar pelo congestionamento, seguimos rapidamente para o aeroporto, mas chegamos minutos após a decolagem do avião. Minha esposa se virou para mim e em um tom exasperado disse: "Eu *sabia* que deveríamos ter seguido pela Merritt." Como afirmou Søren Kierkegaard, o filósofo dinamarquês: "A vida só se compreende mediante um retorno ao passado, mas só se vive para a frente."[35]

Assim, em geral, não consideramos alternativas futuras e pensamos que sabíamos o que estava acontecendo olhando para o passado. O antídoto para essas duas situações é anotar o raciocínio que está por trás das decisões e revisitar de forma consistente ações passadas. Manter um diário das decisões é um hábito barato e fácil para compensar o viés de retrospecto e estimular uma visão mais abrangente das possibilidades disponíveis.

4. *Evite tomar decisões em meio a extremos emocionais.* Tomar decisões em condições ideais é bem difícil, mas pode ter certeza de que suas habilidades decisórias rapidamente falharão caso você esteja sob forte carga emocional. Estresse, raiva, medo, ansiedade, ganância e euforia são estados mentais que não condizem com decisões de qualidade. Mas, da mesma forma que é difícil tomar boas decisões durante períodos de fortes emoções, também é difícil tomar boas decisões na ausência de emoções. O neurocientista Antonio Damasio sugere que "nossa razão pode funcionar com mais eficiência" quando temos equilíbrio emocional. Sempre que possível, tente adiar decisões importantes, se achar que está vivendo extremos emocionais.[36]

5. *Compreenda os incentivos.* Considere cuidadosamente quais são os incentivos existentes e que comportamentos podem ser motivados por eles. Os incentivos financeiros, em geral, são fáceis de identificar, mas os não financeiros, como a reputação ou a justiça, são menos óbvios, mas importantes na hora das decisões. Embora poucos acreditem que os incentivos distorcem nossas decisões, as evidências mostram que o efeito pode ser subconsciente. Finalmente, o que pode ser individualmente bom para os membros do grupo pode ser destrutivo para o grupo como um todo.

Por vários motivos psicológicos os seres humanos tendem a considerar poucas alternativas na hora de tomar decisões. Muitas vezes, a escolha mais óbvia é a mais correta. No entanto, em um mundo que apresenta mais alternativas do que no passado, a visão de túnel pode levar a erros substanciais, mas inteiramente evitáveis. Mais uma vez, não é preciso trabalhar sobre cada decisão. Em vez disso, quando o risco for suficientemente alto, pergunte se você é suscetível à visão de túnel. Se a resposta for positiva, investigue seu processo de tomada de decisão e tome providências concretas para considerar de forma sensata todas as possibilidades.

CAPÍTULO 3

Os especialistas sob pressão

Por que a Netflix sabe mais do que os atendentes sobre seus filmes favoritos

PROJETAR COM PRECISÃO é uma tarefa crucial para os varejistas. Uma previsão baixa demais deixa as prateleiras vazias, e o prejuízo é certo, enquanto otimismo exagerado gera estoques empoeirados, e pressão sobre as margens de lucro. Portanto, os varejistas são estimulados a elaborar uma estimativa precisa de vendas. Para tal, a maioria dos comerciantes se baseia na opinião de especialistas – indivíduos nas organizações que coletam informações, estudam tendências e fazem previsões.

Os riscos são especialmente altos para empresas de aparelhos eletrônicos de consumo porque elas geram boa parte de sua receita durante a temporada de presentes, e o valor de seu estoque declina rapidamente. A pressão recai sobre especialistas internos na gigante de produtos eletrônicos de consumo Best Buy, uma de vários varejistas que se valem da opinião de especialistas. Assim, você pode imaginar a reação quando James Surowiecki, autor do best-seller *The Wisdom of Crowds*, entrou na sede da Best Buy e transmitiu uma mensagem alarmante: um grupo relativamente pouco informado pode fazer melhores previsões do que os melhores visionários da empresa.[1]

A mensagem de Surowiecki impressionou Jeff Severts, um executivo que à época estava à frente do negócio de cartões de presentes da Best Buy. Severts imaginou se a ideia realmente funcionaria em um ambiente corporativo, por isso, passou a algumas centenas de pessoas na organização informações históricas básicas para que fizessem uma previsão das vendas de cartões de presente em fevereiro de 2005. Quando apurou os resultados em março, a média dos quase duzentos entrevistados teve uma precisão de 99,5%. A previsão oficial da equipe errou por cinco pontos percentuais. O grupo teve melhor desempenho, mas teria sido um lance de sorte?

Mais tarde naquele ano Severts definiu um local central para que os empregados enviassem e atualizassem suas estimativas das vendas do período de Ação de Graças até o final do ano. Mais de trezentos colaboradores participaram, e Severts anotou a estimativa coletiva do grupo. Quando a poeira baixou, no início de 2006, ele revelou que a precisão da previsão oficial de agosto dos especialistas internos fora de 93%, enquanto a diferença entre a do grupo supostamente amador fora de apenas um décimo de 1%.[2]

A Best Buy alocou recursos adicionais a seu mercado de previsões, chamado TagTrade.[3] O mercado gerou perspectivas interessantes para os gerentes por meio de mais de 2 mil empregados que fizeram dezenas de milhares de transações que incluíam tópicos variados, desde índices de satisfação dos clientes a abertura de lojas, passando por vendas de filmes. Por exemplo, no início de 2008, a TagTrade indicou que as vendas de novos pacotes de serviços para laptops seriam frustrantes quando comparadas com a previsão formal. Quando os resultados iniciais confirmaram a previsão, a empresa retirou a oferta e a relançou no segundo trimestre. Embora longe da perfeição, o mercado de previsões está mostrando ser mais preciso do que os especialistas na maior parte dos casos, e permitiu que a gerência tivesse acesso a informações que não estariam disponíveis de outro modo.[4]

Sommeliers, não impliquem com esta equação

Quando o assunto é vinho, sou completamente ignorante. Aprecio tomar uma taça no jantar, mas quase sempre recorro ao garçom ou a um colega que se interesse pelo assunto na hora de escolher o vinho, e ingenuamente associo suavidade com preço.[5] Julgar um bom vinho me soa semelhante a analisar obras de arte – a beleza está nas glândulas gustativas de quem vê –, e eu sempre considerei o pessoal que degusta vinhos erudito e um tanto misterioso. Por isso, imagine a grata surpresa que tive quando Ian Ayres, um econometrista e professor de direito da Yale University, incluiu uma equação em seu livro *Super Crunchers* que prometia revelar o valor do vinho sem precisar de um gole sequer:[6]

Valor do vinho = -12,14540 + 0,00117 chuva de inverno + 0,61640 temperatura média da estação de cultivo − 0,00386 chuva na colheita

Orley Ashenfelter, economista e apreciador de vinhos, calculou essa equação de regressão para explicar a qualidade dos vinhos tintos da região francesa de Bordeaux. Os comerciantes de vinhos de Bordeaux há anos os produzem usando métodos consistentes e mantêm registros conscienciosos sobre as chuvas e a temperatura da região, fornecendo a Ashenfelter dados importantes. Ao verificar que existe uma clara relação causal entre o clima e a qualidade do vinho, ele gerou a equação para quantificar esse vínculo. Apesar de ser desdenhado pelo círculo sagrado dos conhecedores, as previsões de valor de Ashenfelter provaram ser incrivelmente precisas e particularmente úteis para avaliar vinhos jovens.[7]

Nesse caso, os computadores superam os especialistas. Durante anos os apreciadores de vinhos precisavam se valer das opiniões de especialistas que, por sua vez, apresentam variações em termos de qualidade e consistência. Foi necessário alguém de fora, um economista, para identificar relações anteriormente não consideradas. Com a equação em mãos, o computador pode apresentar avaliações mais rápidas, mais baratas, mais confiáveis e sem esnobismo.

A queda da casa dos especialistas

À medida que as redes aproveitam a sabedoria das massas e o poder computacional aumenta, a capacidade de especialistas agregarem valor em suas previsões segue caindo constantemente. Chamo esse fenômeno de *pressão sobre os especialistas*, e as evidências de que ele está ocorrendo vêm aumentando. Apesar dessa tendência, ainda buscamos especialistas – pessoas com habilidades ou know-how especiais –, acreditando que muitas formas de conhecimento são técnicas e especializadas. Geralmente nos submetemos às opiniões daqueles em jalecos brancos ou em ternos de risca de giz, por acreditar que eles detêm as respostas, e desconfiamos dos resultados gerados por computador ou da opinião coletiva de um bando de novatos, por acreditar que serão imprecisas.[8]

Pressão sobre os especialistas significa que as pessoas presas a hábitos antigos de pensamento não estão conseguindo usar novos meios para entender os problemas que enfrentam. Saber quando ir além da opinião dos especialistas requer um ponto de vista inteiramente novo, que não surge naturalmente. Com certeza, o futuro dos especialistas não é de todo negro. Os especialistas retêm uma vantagem em áreas cruciais. O desafio é saber quando e como usá-los.

Então, como você, um tomador de decisões, lida com a pressão sobre os especialistas? O primeiro passo é considerar cuidadosamente o problema a ser resolvido. A Figura 3-1 ajuda a orientá-lo nesse processo. A segunda coluna a partir da esquerda abrange problemas que possuem soluções baseadas em regras com uma gama limitada de resultados possíveis. Nesse ponto alguém pode investigar o problema com base em padrões passados e tomar nota das regras para orientar as decisões.[9] Os especialistas saem-se bem nessas tarefas, mas quando os princípios são claros e bem-definidos, os computadores são mais baratos e confiáveis. Pense em tarefas como avaliação de crédito ou formas simples de diagnósticos médicos. Os especialistas concordam sobre como abordar esses problemas porque as soluções são transparentes e, na maioria dos casos, já testadas e comprovadas.

FIGURA 3-1

O valor dos especialistas

Descrição do domínio	Baseada em regras; faixa limitada de resultados	Baseada em risco; ampla faixa de resultados	Probabilístico; faixa limitada de resultados	Probabilístico; ampla faixa de resultados
Desempenho do especialista	Pior do que o dos computadores	Em geral, melhor que o dos computadores	Igual ou pior do que o das coletividades	Pior do que o das coletividades
Concordância com o especialista	Alta	Moderada	Moderada/Baixa	Baixa
Exemplos	– Avaliação de risco – Diagnóstico médico simples	– Xadrez – Go	– Executivos do setor de admissões – Pôquer	– Mercado de ações – Economia

Os especialistas são, inicialmente, importantes para a resolução desses problemas, porque descobrem regras, ou algoritmos, que funcionam. Pense em Ashenfelter. No entanto, a ordem subjacente nem sempre é óbvia. Às vezes, os especialistas devem usar métodos estatísticos para encontrar estrutura no sistema, mas, assim que o fazem, o silício pode assumir o comando.

A experiência do Harrah's Casino no início da década de 2000 é um bom exemplo. Durante anos o Harrah's, como outros cassinos, venerava as pessoas que jogavam nas mesas de alto risco – os grandes apostadores. No entanto, um estudo cuidadoso dos dados dos clientes revelou que eram adultos de meia e terceira idade com tempo e recursos disponíveis que agregavam mais valor. Assim, os executivos usaram os dados para fortalecer ainda mais a lealdade de seus melhores clientes, ao mesmo tempo em que administraram com eficácia os altos apostadores. A sabedoria convencional perpetuada pelos executivos especialistas – de que os altos apostadores eram os clientes que mais agregavam valor – estava totalmente errada, mas só foi revelada por meio de uma nova análise de dados.[10]

Agora, vamos para o extremo oposto, a coluna à direita que lida com os campos probabilísticos com uma ampla gama de resultados. Aqui não existem regras simples. Só se pode expressar os possíveis resultados por meio de probabilidades, e a gama de resultados é ampla. Os exemplos incluem previsões econômicas e políticas. As evidências mostram que a coletividade tem melhor desempenho que os especialistas na resolução desses problemas. Por exemplo, os economistas são absolutamente fracos quando se trata da previsão de taxas de juros, muitas vezes não conseguindo estimar com precisão a direção dos movimentos das taxas, muito menos seu nível correto.[11] Observe também que não só os especialistas não são bons em prever os resultados reais, mas também eles raramente concordam entre si.

Dois especialistas com as mesmas credenciais podem fazer previsões opostas e, portanto, tomar decisões diametralmente opostas.

Um exemplo é a previsão dos preços de petróleo. Em um campo estão peritos como Matthew Simmons, um banqueiro de investimentos e consultor especializado em energia, que argumenta que o mundo alcançou seu pico de extração de petróleo e que os preços tendem a subir, como consequência. Em outro campo estão peritos como Daniel Yergin, pesquisador econômico, que argumenta que a tecnologia tornará possível encontrar novas fontes de petróleo e extraí-las com lucro. Os dois campos contam com especialistas inteligentes e persuasivos, mas chegam a conclusões opostas sobre a direção dos preços futuros.[12]

As duas colunas do meio são o que resta para os especialistas. Eles lidam bem com problemas baseados em regras com uma ampla gama de resultados, porque são melhores do que os computadores em eliminar escolhas ruins e em estabelecer conexões criativas entre diferentes informações. Eric Bonabeau, físico que hoje presta assessoria a empresas, desenvolveu programas que combinam computadores e especialistas para encontrar soluções para o desenvolvimento de pacotes. Bonabeau usa o computador para gerar alternativas com o uso dos princípios da evolução (recombinação e mutação) e faz com que os especialistas selecionem os melhores projetos para a próxima geração (seleção). Os computadores são eficazes na criação de projetos alternativos, mas têm mau gosto. Grandes empresas de produtos de consumo, incluindo Procter & Gamble e PepsiCo, utilizaram essa técnica com sucesso para fazer seus produtos se destacarem.[13]

Ainda assim, os computadores continuarão a fazer incursões nessa coluna à medida que o desempenho deles melhora. Considere que, até relativamente pouco tempo atrás, nenhum computador poderia vencer o campeão mundial de xadrez. Mas o Deep Blue, o supercomputador enxadrista da IBM, derrotou Garry Kasparov, o campeão do mundo de

1985 a 2000, em um jogo com seis partidas, em 1999. Os humanos ainda dominam os programas de computador no jogo Go, que possui regras simples, mas permite um número muito maior de combinações do que o xadrez devido a seu tabuleiro 19 x 19 cm. Aqui é só uma questão de tempo. À medida que o poder computacional torna-se maior e mais barato, o silício vencerá essa batalha também. A Tabela 3-1 mostra o desempenho dos computadores em comparação ao dos seres humanos em vários jogos.

Para problemas de natureza probabilística com uma gama limitada de resultados, o veredito para os especialistas é misto. Os computadores e as massas terão baixo desempenho se não tiverem conhecimento específico do domínio em questão. Por exemplo, um treinador especializado provavelmente criará um plano de jogo melhor do que um computador porque poderá usar seu conhecimento exclusivo da equipe e da competição em si. Da mesma forma, um executivo poderá sair-se melhor do que o computador na hora de delinear a estratégia para sua empresa.[14]

TABELA 3-1

Homem *versus* máquina: onde está a vantagem?

	Vantagem	
Jogo	Máquina	Homem
Bridge		X
Damas	X	
Xadrez	X	
Go		X
Othello (tabuleiro)	X	
Scrabble (palavras cruzadas)	X	

Fonte: Matthew L. Ginsberg. "Computers, Games and the Real World". *Scientific American Presents: Exploring Intelligence* 9, nº 4 (1998): 84-89.

Assim que você tiver classificado adequadamente um problema, valha-se do melhor método para resolvê-lo. Como veremos adiante, os computadores e a coletividade continuam sendo guias subutilizados para tomar decisões em várias áreas, incluindo medicina, negócios e esportes. Tendo dito isso, os especialistas continuam sendo vitais em três capacidades. Em primeiro lugar, os especialistas devem criar os sistemas que irão substituí-los. Severts ajudou a desenvolver o mercado de previsão que tem desempenho superior ao dos especialistas contratados pela Best Buy. Até Ashenfelter surgir, a avaliação dos vinhos tintos de Bordeaux era, em grande parte, subjetiva. Evidentemente, os especialistas devem continuar à frente desses sistemas, melhorando o mercado ou a equação, conforme necessário.

Em seguida, precisamos de especialistas em estratégia. Quero dizer estratégia no sentido amplo, incluindo não só táticas do dia a dia, mas também a capacidade de resolver problemas reconhecendo as interconexões assim como o processo criativo da inovação, que envolve combinar ideias de novas maneiras. As decisões sobre como melhor desafiar um concorrente, que regras devem ser seguidas ou como recombinar os elementos essenciais existentes para criar novos produtos ou experiências constituem tarefas para especialistas.

Finalmente, precisamos de pessoas para lidar com pessoas. Boa parte do processo decisório envolve psicologia e estatística. Um líder deve entender as outras pessoas, tomar boas decisões e estimular terceiros a apoiar a decisão.

O Cinematch não é páreo para o atendente

Quando minha esposa e eu vivíamos em Nova York, no início da década de 1990, complementávamos nossas noitadas no cinema com idas à videolocadora local. Como outras daquela época, a locadora tinha vários funcionários que prontamente recomendavam filmes com base no que o cliente já assistira e em seu estado de espírito no dia, e que poderia até sugerir um título batido de tempos em tempos. Esses funcionários eram muito úteis, considerando que estavam trabalhando com um estoque relativamente modesto de filmes e um conhecimento limitado de nossos gostos cinematográficos.

A Netflix, uma empresa de locação de DVDs baseada na Web, fundada em 1997, percebeu logo que fazer a correspondência entre os consumidores e os filmes era fundamental para garantir a satisfação de seus clientes e, portanto, a qualidade do negócio. Em 2000, a empresa lançou um serviço chamado Cinematch, um programa de algoritmos que combina pares de usuários e discos. Usando feedback dos próprios clientes, o Cinematch rapidamente melhorou sua capacidade de prever os gostos do público e agora orienta mais da metade das locações da Netflix, mantendo os usuários satisfeitos e reduzindo a resistência quanto aos novos lançamentos. No entanto, os executivos da empresa perceberam que o Cinematch não tinha todas as respostas. Assim, em 2006, lançaram um desafio: a Netflix pagará um prêmio de US$ 1 milhão por um programa com desempenho 10% melhor do que o Cinematch no que se refere à previsão das preferências dos consumidores.

Durante a preparação deste livro, o Prêmio Netflix estava em andamento, e o grupo líder alcançara 9,8% de melhoria em relação ao Cinematch. Dois pontos merecem destaque. Em primeiro lugar, algumas mentes realmente brilhantes estão trabalhando em um problema que vale muito menos para eles do que para a Netflix. (Os executivos da Netflix admitem livremente que o algoritmo vencedor vale mais de US$ 1 milhão.) Em segundo lugar, o Cinematch, ou qualquer que seja o programa que finalmente o desbancar, é incrivelmente melhor do que o funcionário da locadora de Nova York.[15]

O contraste da noite para o dia entre a qualidade das recomendações feitas pelos algoritmos da Netflix e o atendente da locadora local ilustra o primeiro erro de decisão deste capítulo: valer-se do conselho de especialistas em vez de modelos matemáticos. Esse erro, admito, é difícil de aceitar e é uma afronta direta aos especialistas de todos os tipos. No entanto, está também entre as mais bem-documentadas descobertas das ciências sociais.

Em 1954, o psicólogo Paul Meehl, da University of Minnesota, publicou um livro com uma revisão dos estudos que comparam a avaliação clínica feita por especialistas (psicólogos e psiquiatras) com modelos estatísticos lineares. Ele se certificou de que a análise tinha sido feita cuidadosamente para garantir que as comparações seriam justas. Estudo após estudo, os métodos estatísticos superaram ou coincidiram com o desempenho dos especialistas.[16] Mais recentemente, Philip Tetlock, psicólogo da University of California, em Berkeley, concluiu um estudo exaustivo sobre previsões de especialistas incluindo 28 mil previsões feitas por trezentos especialistas abrangendo sessenta países, durante 15 anos. Tetlock pediu aos especialistas que fizessem previsões sobre questões políticas e econômicas, campos probabilísticos com ampla variedade de resultados. Resumindo os achados do estudo, Tetlock afirmou claramente: "É impossível encontrar um só domínio em que os humanos tenham um desempenho nitidamente melhor do que algoritmos de extrapolação brutos, sem mencionar os modelos estatísticos sofisticados."[17]

Apesar dessa prova bem-substanciada e antiga, a prática de confiar em especialistas em uma ampla gama de domínios mudou muito pouco. O fato é que a maioria das pessoas tem dificuldades em assimilar evidências estatísticas abrangentes nas decisões tomadas todos os dias. Na hora de tomar uma decisão, pergunte a si mesmo se preferiria receber a recomendação do Cinematch ou do sujeito atrás do balcão da locadora local. Você agora sabe qual delas lhe daria uma experiência mais prazerosa.

O que as jujubas revelam sobre a sabedoria das massas

O exemplo da Best Buy, onde um grupo de leigos parcialmente informados alcançou melhores resultados do que os especialistas, revela nosso segundo erro de decisão: confiar nos especialistas em vez de na sabedoria das massas. Compreender por que as coletividades, muitas vezes, são mais inteligentes – e, às vezes, muito precipitadas – requer que avaliemos como funciona essa forma de sabedoria. No entanto, antes de continuar, vamos considerar alguns aspectos. Como um grupo de leigos pode fazer previsões melhores do que os especialistas da área?

O cientista social Scott Page, que estudou a resolução de problemas por grupos, oferece uma abordagem muito útil para compreender o processo decisório. Ele o chama de teorema da previsão da diversidade, o qual afirma que:[18]

Erro coletivo = erro individual médio – diversidade da previsão

O teorema utiliza erros quadrados como uma medida de precisão, que os pesquisadores nas ciências sociais e na estatística comumente empregam porque garante que os erros positivos e negativos não se anulam.[19]

O erro individual médio captura a precisão das estimativas individuais. Você pode pensar nele como uma medida da habilidade. A diversidade da previsão reflete a dispersão de estimativas, ou as suas diferenças. O erro coletivo, é claro, é simplesmente a diferença entre a resposta correta e a estimativa média. Page faz uma análise aprofundada do teorema da previsão da diversidade em seu livro *The Difference*, e apresenta vários exemplos do teorema em ação.

Eu ilustro esse teorema pedindo aos alunos que adivinhem o número de jujubas em uma jarra, e mostro a eles o erro coletivo, o erro individual médio e a diversidade da previsão. Por exemplo, um ano, a estimativa média dos alunos foi 1.151 jujubas, enquanto o número real era 1.116, um erro de aproximadamente 3%. O individual médio tinha uma diferença de cerca de 700 jujubas (e as estimativas não seguiram uma distribuição em forma de sino). Mas a diversidade foi alta o suficiente para compensar a maior parte dos erros individuais, deixando um pequeno erro coletivo.

O teorema da previsão da diversidade nos diz que um grupo diversificado sempre fará previsões mais precisas do que a pessoa média dentro do grupo. E não é às vezes, mas sempre. Isso sugere que a modéstia está em ordem, mas as pessoas não consideram que estão na média e, certamente, não abaixo da média. Na realidade, no entanto, metade das pessoas deve estar abaixo da média, por isso você deve ser capaz de identificar quando é uma delas.

Também é importante saber que a precisão coletiva é parte habilidade, parte diversidade. Podemos reduzir o erro coletivo aumentando a habilidade ou a diversidade. Ambas são essenciais. Esse aspecto é relevante para avaliar a saúde dos mercados ou para montar uma equipe de sucesso.[20]

Finalmente, embora não seja uma implicação formal do teorema, a coletividade, muitas vezes, é até melhor do que o melhor dos indivíduos. Assim, um grupo diversificado sempre supera a pessoa média e frequentemente supera todos os demais. Na experiência das jujubas, apenas dois dos 73 alunos tiveram melhor desempenho do que o consenso. Esta não é uma boa notícia para os especialistas e é profundamente intimidadora para todos os responsáveis pela tomada de decisões.

Com o teorema da previsão da diversidade em mãos podemos descobrir quando a previsão dos grupos é válida. Três condições devem estar presentes: diversidade, agregação e incentivos. Cada uma das condições se encaixa perfeitamente na equação. A diversidade reduz o erro coletivo. A agregação garante que o mercado considere as informações de todos. Os incentivos ajudam a reduzir erros individuais estimulando as pessoas a participar apenas quando acham que têm uma boa ideia.

Claramente, os grupos não podem resolver todos os problemas. Se o encanamento da sua casa precisa de reparo, sua melhor opção é contratar um encanador em vez de uma equipe composta por um professor de literatura inglesa, um voluntário da Força da Paz da ONU ou um astrofísico. Mas, tipicamente, os grupos são mais valiosos do que os especialistas quando o problema é complexo e regras especificáveis não conseguem resolvê-lo.

Confie em seus reflexos somente se tiver praticado reflexologia

Em uma pesquisa recente, quase metade dos mil executivos listados na *Fortune* afirmou que confia na intuição para tomar decisões. De fato, best-sellers são um tributo à intuição, e o conhecimento tradicional do mundo dos negócios e da medicina aprecia especialmente as decisões intuitivas (e aparentemente enigmáticas).[21] Existe apenas um problema: nem sempre a intuição funciona. Essa ideia apresenta nosso terceiro erro de decisão: confiar exageradamente na intuição. A intuição pode desempenhar um papel claro e positivo no processo decisório. O objetivo é reconhecer quando sua intuição servirá a seus interesses e quando as chances de fracasso são altas.

Considere os dois sistemas do processo de tomada de decisões que Daniel Kahneman descreve na palestra que fez ao receber o Prêmio Nobel em 2002. O Sistema 1, o experimental, é "rápido, automático, simples, associativo e difícil de controlar ou modificar". O Sistema 2, o analítico, é "mais lento, serial, trabalhoso e deliberadamente controlado".

No modelo de Kahneman, o Sistema 1 usa a percepção e a intuição para gerar impressões de objetos ou problemas. Essas impressões são involuntárias e um indivíduo talvez não seja capaz de explicá-las. Kahneman argumenta que o Sistema 2 está presente em todos os tipos de juízo, quer a pessoa tome a decisão de forma consciente ou não. Por isso, a intuição é um juízo que reflete determinada impressão.[22]

Por meio de uma prática substancial e deliberada em um domínio específico, os especialistas podem treinar e povoar seus sistemas experimentais. Assim, um mestre de xadrez pode percorrer em detalhes as diversas posições no tabuleiro muito rapidamente e um atleta sabe o que fazer em determinada situação do jogo. Na verdade, os especialistas internalizam as características que sobressaem do sistema com o qual estão lidando, liberando a atenção para um pensamento analítico de mais alto nível. Isso explica uma série de características universais dos especialistas, incluindo:[23]

- Os especialistas percebem padrões em suas áreas de especialização.

- Os especialistas resolvem problemas de forma mais rápida do que os novatos.

- Os especialistas descrevem problemas em nível mais profundo do que os novatos.

- Os especialistas podem resolver os problemas de forma qualitativa.

Portanto, a intuição funciona bem em ambientes estáveis, em que, na maioria das vezes, as condições permanecem inalteradas (ou seja, o tabuleiro de xadrez e suas peças), quando o feedback é claro e as relações de causa e efeito são lineares. A intuição fracassa quando você está lidando com um sistema em mudança, especialmente um sistema que possui transições de fase. Apesar de sua conotação quase mágica, a intuição está perdendo relevância em um mundo cada vez mais complexo.

Deixe-me enfatizar novamente um ponto. Eu sugeri que as pessoas se tornam especialistas por meio de prática deliberada para treinar seus sistemas experimentais. A prática deliberada tem um significado muito específico: inclui atividades criadas para melhorar o desempenho, tem tarefas que podem ser repetidas, incorpora feedback de alta qualidade e não é muito divertida. A maioria das pessoas – mesmo os supostos especialistas – não chega nem perto de atender às condições da prática deliberada e, portanto, não desenvolve as capacidades necessárias para ter uma intuição confiável.[24]

Como a homogeneidade contribui para os caprichos do grupo

Agora que já falei bastante das virtudes dos computadores e dos grupos, vamos falar do erro final deste capítulo: confiar demais nos enfoques baseados em fórmulas ou na sabedoria das massas. Embora computadores e grupos possam ser muito úteis, não podemos confiar cegamente neles.

Um exemplo do excesso de confiança nos números é o que Malcolm Gladwell chama de problema do descompasso.[25] O problema, que você reconhecerá imediatamente, ocorre quando os especialistas utilizam medidas ostensivamente objetivas para prever o desempenho futuro. Em muitos casos, os especialistas se valem de medidas que têm pouco ou nenhum valor de previsão.

Uma ilustração típica do problema do descompasso são as seleções para participar dos esportes profissionais. Uma série de ligas reúne os principais destaques amadores antes da escalação e, com a cuidadosa observação de olheiros dos times, os submetem a uma bateria de testes criados para avaliar suas habilidades. Esses testes incluem tarefas físicas como levantamento de peso, corrida e exercícios de agilidade, assim como testes psicológicos. Os organizadores classificam, então, cada jogador com base em seu desempenho. Em alguns casos, um desempenho fraco ou forte afeta a posição do jogador e, portanto, seu futuro rendimento. As provas de seleção são estressantes, custosas e demoradas.

No entanto, em uma revisão detalhada dos resultados da National Football League, Frank Kuzmits e Arthur Adams, professores de administração, não encontraram relação consistente entre as classificações de seleção e o desempenho subsequente do jogador (houve uma exceção: a velocidade da partida ajuda a prever o desempenho da corrida de volta).[26] Os resultados das seleções de hóquei e basquete são semelhantes. Embora quantitativos e padronizados, os resultados simplesmente avaliam os elementos errados.

Gladwell argumenta que o problema do descompasso vai além dos esportes. Ele cita exemplos do setor da educação (credenciais não são bons fatores para prever o desempenho), da profissão legal (estudantes da faculdade de direito diminuem seus padrões de ação afirmativa assim como seus colegas após a formatura) e das profissões ligadas à observância das leis (policiais corpulentos talvez não sejam os melhores para funções que envolvem essencialmente relações com o público). Podemos ver facilmente como o problema se estende a entrevistas para todos os tipos de trabalho, porque as perguntas e respostas raramente dão qualquer dica sobre o potencial desempenho do profissional.

Uma devoção desmedida à sabedoria das massas também é loucura. Embora os adeptos do livre mercado argumentem que os preços refletem as avaliações mais precisas disponíveis, os mercados são extremamente falíveis. Isso ocorre porque, quando uma ou mais de três condições da sabedoria das massas é violada, o erro coletivo pode se expandir. Não é por acaso que a diversidade é a condição mais frágil, porque somos inerentemente sociais e imitadores. A inflada probabilidade de que Big Brown venceria o Belmont Stakes em 2008 é um bom exemplo de um colapso da diversidade, assim como os excessos da bolsa de valores no final da década de 1990 na era das empresas ponto com e na crise financeira de 2007-2009.

Os cientistas avançaram muito no entendimento dos processos que levam a colapsos desse tipo. Por exemplo, cascatas de informação ocorrem quando as pessoas tomam decisões com base nas ações dos outros, em vez de confiar em informações pessoais. Essas cascatas ajudam a explicar booms, modismos, ondas e crashes. A teoria das redes sociais, o estudo de como os indivíduos ou organizações estão interconectados, oferece uma estrutura para compreender como essas cascatas se propagam através de grandes populações.[27]

Também podem ocorrer colapsos da diversidade em pequenos grupos. Se você já fez parte de comitês, júris ou grupos de trabalho, certamente já viu isso acontecer. A perda da diversidade, em geral, resulta de um líder dominante, uma ausência de fatos ou da homogeneidade cognitiva no grupo. Para ilustrar esse último ponto, Cass Sunstein, professor de direito na Harvard Law School, e alguns colegas dividiram liberais e conservadores em grupos com mentalidades semelhantes e solicitaram que deliberassem em questões socialmente controversas como casamento entre pessoas do mesmo sexo e ação afirmativa. Na maior parte dos casos o grupo concordava com uma visão mais extrema do que aquela revelada pela maioria dos indivíduos em entrevistas conduzidas antes das deliberações. Os pontos de vista dos indivíduos tornaram-se mais homogêneos depois que eles passaram algum tempo com seus grupos. Sem a diversidade, grupos grandes ou pequenos podem fugir muito do padrão.[28]

Então, o que você pode fazer para que a pressão sobre os especialistas funcione a seu favor em vez de contra você? Eis algumas recomendações a serem consideradas:

1. *Faça a correspondência entre o problema que você está enfrentando com a solução mais apropriada.* Como vimos ao longo deste capítulo, a grande variedade de problemas na hora de tomar decisões requer uma gama de soluções. Por isso, considere cuidadosamente o tipo de decisão que você está tomando e que enfoques podem ser úteis. O que sabemos é que os especialistas não têm um

desempenho tão bom em muitas situações, sugerindo que devemos tentar complementar a visão desses peritos com outras abordagens.

2. *Procure a diversidade.* O trabalho de Tetlock mostra que enquanto as previsões dos especialistas, em geral, são ruins, algumas são melhores do que outras. O que distingue a habilidade de previsão não é a identidade do especialista ou no que ele acredita, mas a forma como ele pensa. Usando os conceitos de Arquiloco – por meio de Isaiah Berlin –, Tetlock classificou os especialistas em porcos-espinhos e raposas. Os porcos-espinhos conhecem um assunto bem e tentam explicar tudo por meio dessa óptica. As raposas tendem a saber pouco sobre muitos assuntos e não se prendem a uma única explicação para problemas complexos.

   Tetlock acredita que as raposas são melhores previsores do que os porcos-espinhos. As raposas chegam às suas decisões reunindo "diversas fontes de informação", respeitando a importância da diversidade. Naturalmente, os porcos-espinhos estão periodicamente certos e muitas vezes espetacularmente certos, mas não conseguem prever tão bem quanto as raposas ao longo do tempo.[29] Para muitas decisões importantes, a diversidade é fundamental nos níveis individual e coletivo.

3. *Use a tecnologia quando possível.* Compense a pressão sobre os especialistas aproveitando os recursos tecnológicos, como fizeram a Best Buy e o Harrah's Casino. Embora crescente, a lista de organizações que

utilizam computadores e dados para resolver problemas permanece baixa.

Com excesso de candidatos para suas vagas e consciente da inutilidade da maioria das entrevistas, o Google decidiu criar algoritmos para identificar funcionários com potencial atraente. Primeiro, a empresa pediu que funcionários mais experientes preenchessem uma pesquisa com trezentas perguntas, obtendo detalhes sobre suas funções, comportamento e personalidade. A empresa, então, comparou os resultados da pesquisa com medidas de desempenho de empregados buscando estabelecer relações. Entre outros achados, os executivos do Google reconheceram que as realizações acadêmicas nem sempre se correlacionavam com desempenho profissional. Esse novo enfoque permitiu que a empresa superasse os problemas encontrados com entrevistas ineficientes e começasse a abordar a discrepância.[30]

Às vezes, as organizações não aproveitam as informações que já estão disponíveis e são relevantes. Alguns anos atrás participei de um painel com o executivo sênior encarregado de serviços de desastre da Cruz Vermelha Americana, a pessoa responsável por preparar a reação contra desastres nacionais nos Estados Unidos. Ele contou a incrível história dos trabalhos de socorro após o furacão Katrina e mencionou outros riscos no horizonte. Durante minha palestra, comentei sobre as probabilidades dos vários desastres – a disseminação da gripe aviária, atos terroristas, frequências dos furacões –, com base nos preços que tinha obtido do mercado de previsões naquela manhã.

Meus comentários claramente intrigaram o executivo, que logo me procurou após a sessão formal. Os desastres que eu discuti eram seu ganha-pão, mas, ainda assim, ele não conseguia julgar sua probabilidade em tempo real. Nesse caso, o componente ausente era simplesmente a consciência de que os dados estavam disponíveis.

Você pode encher suas prateleiras com livros que celebram a sabedoria da intuição das massas, computadores com alta capacidade de processamento ou especialistas. No entanto, como uma pessoa consciente que é responsável por tomar decisões, sua principal tarefa é identificar a natureza do problema e ponderar qual a melhor maneira de resolvê-lo. Como todas as abordagens possuem prós e contras, não existe solução única.

Tendo dito isso, a pressão sobre os especialistas é real. A tecnologia está permitindo que os tomadores de decisões obtenham perspectivas valiosas, e algumas organizações estão avançando na direção de novos enfoques para informar suas decisões. No entanto, a maior dificuldade é o enorme desconforto que a maioria de nós sente ao transferir decisões anteriormente tomadas por especialistas para o controle dos computadores ou dos grupos. Embora as evidências contra os especialistas estejam aumentando e sejam claramente negativas, a natureza humana permanece como o maior obstáculo.

CAPÍTULO 4

Consciência situacional

Como o acordeão impulsiona as vendas de vinho

TONY, UM HOMEM DE MEIA-IDADE com seus óculos apoiados na ponta do nariz, foi o último a responder. Ele tinha sobrancelhas grossas e parecia nervoso. "Igual", ele respondeu sem convicção. Com essa resposta incorreta, Tony acrescentou evidências a uma das experiências mais famosas da psicologia social – o estudo de Solomon Asch sobre a conformidade sob pressão do grupo.

A primeira das experiências de Asch foi realizada na década de 1940. Ele reuniu um grupo de oito pessoas. Sem que o verdadeiro sujeito soubesse, sete dos participantes eram cúmplices. Asch pediu a eles que completassem uma tarefa tão trivial como fazer a correspondência entre o tamanho de determinada linha com uma de três linhas desiguais. O procedimento era simples, e as respostas praticamente não tiveram erro algum nas rodadas de controle. Asch, então, iniciou a experiência, dando a dica para os comparsas darem a resposta errada a fim de ver qual seria a reação do sujeito, que responderia por último. Embora alguns permanecessem independentes, cerca de um terço dos sujeitos se rendia ao juízo incorreto do grupo.[1] A experiência mostrou que as decisões do grupo, quando obviamente ruins, influenciam as decisões individuais.

As referências à experiência de Asch são comuns e, na grande maioria dos casos, as pessoas que a discutem ficam satisfeitas em destacar o grau de conformidade. No entanto, a verdadeira pergunta é: *o que ocorre na mente das pessoas que se adequaram à opinião do grupo?* Asch também fez essa pergunta. Com base em observação atenta, ele sugeriu três categorias descritivas para explicar o comportamento conformado:

- *Distorção do juízo.* Esses sujeitos concluem que suas percepções estão erradas e que o grupo está certo.

- *Distorção da ação.* Esses indivíduos suprimem seu próprio conhecimento para acompanhar a maioria.

- *Distorção da percepção.* As pessoas não estão cientes de que a opinião da maioria distorce suas avaliações.

Asch reconheceu que identificar por que as pessoas se adaptam é tão importante quanto a observação do fato em si. Considerando as ferramentas disponíveis, ele não tinha um método concreto para descobrir quais eram os processos mentais por trás da conformidade.

Avançando cinco décadas para o laboratório de geração de imagens por ressonância magnética funcional (fMRI) da Emory University, o neurocientista Gregory Berns decidiu fazer uma variação da experiência de Asch com a meta ambiciosa de determinar o que acontece no cérebro de indivíduos que se conformam à opinião do grupo. Berns mudou a tarefa de coincidir as linhas para avaliar se determinada figura tridimensional era igual ou diferente após um período de rotação (veja Figura 4-1). Embora ligeiramente mais difícil do que a tarefa de Asch, os sujeitos ainda chegam à resposta certa em cerca de nove das dez tentativas durante as rodadas de controle. Como na experiência de Asch, Berns verificou que, apesar de alguns indivíduos manterem suas respostas, cerca de 40% se rendiam quando o grupo apresentava a resposta errada.[2]

Mas Berns tinha algo com que Asch só sonhava – uma máquina de fMRI, que lhe permitiu colocar à prova as categorias descritivas de Asch investigando os cérebros dos sujeitos. No caso das distorções de juízo ou ação, seria esperado encontrar atividade na parte anterior do cérebro, enquanto as distorções da percepção estariam na parte posterior do cérebro, regiões que controlam a percepção visual e espacial.

Diferentemente do esperado, no caso dos sujeitos que se conformam, os cientistas verificaram atividade nas áreas do cérebro que funcionam em rotação mental. Isso sugere que a escolha do grupo afeta a percepção do indivíduo. Igualmente surpreendente, os pesquisadores não encontraram mudanças significativas de atividade no lobo frontal, uma área associada com atividades mentais de mais alta ordem, como julgamentos ou ações. Berns propôs que as respostas erradas do grupo impõem uma imagem virtual na mente do indivíduo conformado, eclipsando seus próprios olhos. "Gostamos de pensar que ver é acreditar", afirmou Berns, mas "ver é acreditar no que o grupo diz para você acreditar."[3]

O que aconteceu com as pessoas que permaneceram independentes quando confrontadas pelas respostas incorretas do grupo? Nos casos desses sujeitos, maior atividade foi verificada na amígdala, região que envia sinais para preparar para ação imediata. O medo é o principal ativador da amígdala: e é ela que gera o instinto de lutar ou fugir. Assim, a atividade cerebral dos sujeitos que permaneceram independentes sugere que, embora sustentar sua própria opinião seja louvável, é também uma situação desagradável.[4]

FIGURA 4-1

Variação da experiência de Asch – rotação de objetos 3-D

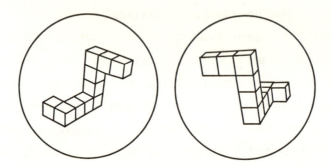

Fonte: Reimpresso de *Biological Psychiatry*, Gregory S. Berns, Jonathan Chappelow, Caroline F. Zink, Giuseppe Pagnoni. Megan Martin-Skurski e Jim Richards, "Neurobiological Correlates of Social Conformity and Independence During Mental Rotation", 22 de junho de 2005, com autorização da Society of Biological Psychiatry.

Tony participou de um estudo feito para TV que Berns realizou para o programa *Primetime* da rede de televisão norte-americana ABC. Berns recrutou pessoas nas ruas, distribuiu-as em grupos de seis e repetiu a experiência com as câmeras em ação. Tony era o sujeito em seu grupo. Antes de a experiência começar formalmente, ele conseguiu acertar a tarefa 90% das vezes, mas caiu para um índice de acerto de 10% diante das respostas erradas do grupo. "Sabe como é, cinco pessoas estão vendo e você, não. Eu simplesmente aceitei as respostas", Tony comentou depois da experiência. Agora sabemos o motivo.[5]

A situação ganha da disposição

O cerne da mensagem deste capítulo é que nossa situação influencia enormemente nossas decisões. Os erros que se seguem são particularmente difíceis de evitar porque essas influências são, em grande parte, subconscientes. Tomar boas decisões diante de pressões subconscientes requer alto grau de conhecimento prévio e autoconsciência.

Como você se sente quando lê a palavra "tesouro"? Você se sente bem? Que imagens vêm à sua mente? Se você for como a maioria das pessoas, apenas sussurrar "tesouro" já provoca uma reação. Nossas mentes, naturalmente, estabelecem conexões e associam ideias. Assim, se alguém lhe apresentar uma pista – uma palavra, cheiro ou símbolo –, sua mente dá início a um caminho associativo. E você pode ter certeza de que a pista inicial dará o tom da decisão que o aguarda no final do caminho. Tudo isso acontece fora do alcance de nossa percepção.[6]

As pessoas a nossa volta também influenciam nossas decisões, muitas vezes por um bom motivo. A influência social surge por várias razões. A primeira são as chamadas informações assimétricas, um termo sofisticado para dizer que alguém sabe alguma coisa que você não sabe. Nesses casos, a imitação faz sentido porque o aperfeiçoamento das informações permite que você tome decisões melhores.

A pressão do grupo, ou o desejo de fazer parte dele, é a segunda fonte de influência social. Por motivos relacionados à evolução, os humanos gostam de fazer parte de um grupo – uma coleção de indivíduos interdependentes – e, naturalmente, passam boa parte do tempo avaliando quem está "dentro" e quem está "fora".[7] Experimentos na psicologia social vêm confirmando isso repetidamente. Os pesquisadores realizaram a experiência de Asch centenas de vezes em quase vinte países e encontraram níveis de conformidade semelhantes em vários lugares. Evidentemente, a conformidade também está no âmago do colapso da diversidade, que leva a um comportamento doentio das massas.

Lee Ross, um psicólogo social da Stanford University, cunhou o termo "erro fundamental de atribuição" para descrever a tendência de explicar comportamentos com base na disposição de um indivíduo *versus* a situação. Naturalmente, associamos mau comportamento com fraqueza de caráter, exceto quando avaliamos nosso próprio comportamento. Explicamos mais prontamente nosso comportamento ruim como reflexo das circunstâncias sociais.[8]

Talvez o aspecto mais desconcertante do poder situacional é que ele pode agir tanto para o bem quanto para o mal. Para as pessoas que tomam decisões importantes, o aspecto negativo da situação é especialmente preocupante. Algumas das maiores atrocidades conhecidas foram resultado de pessoas normais sendo colocadas em situações ruins. Embora todos nós gostemos de acreditar que nossas escolhas independem das circunstâncias, as evidências nitidamente sugerem o contrário.

A maioria das pessoas, inclusive os psicólogos, assume que os erros na hora de tomar decisões se aplicam universalmente em todas as culturas e em todos os momentos históricos. No entanto, uma pesquisa desenvolvida por Richard Nisbett, um psicólogo da University of Michigan, sugere que existem importantes diferenças culturais entre a forma como os ocidentais e os orientais percebem as causas de determinado comportamento. Diferentes tradições econômicas, sociais e filosóficas moldaram percepções distintas dos eventos sociais. Os orientais fornecem mais explicações situacionais, enquanto os ocidentais concentram-se mais no indivíduo. Isso leva a uma gama de diferenças cognitivas potenciais, incluindo padrões de atenção (os orientais se harmonizam com o ambiente e os ocidentais, com os objetos), crenças sobre o grau de controle (os ocidentais acreditam mais no controle) e suposições sobre a mudança (os orientais são mais abertos à mudança).[9]

Um estudo sobre como a mídia tratou dois casos de assassinato-suicídio destaca a lacuna cognitiva existente entre Oriente e Ocidente. No final de 1991, um chinês, estudante de física, não conseguiu a bolsa de estudos que pleiteava, perdeu o recurso e não pôde permanecer na universidade. Ele entrou no departamento de física e atirou em seu orientador, a pessoa encarregada de lidar com o recurso, e depois se matou. Duas semanas depois um funcionário dos Correios norte-americanos perdeu o emprego, recorreu da decisão e não conseguiu recolocação. Ele entrou no prédio dos Correios, matou o supervisor, o indivíduo que analisara seu recurso, e depois se matou.

Os pesquisadores compararam o tratamento dado aos incidentes na imprensa, incluindo os jornais *New York Times* (em inglês) e *World Journal* (em chinês), para ver se havia diferenças perceptíveis. Descobriram que a imprensa ocidental concentrava-se principalmente nos defeitos e problemas dos perpetradores dos crimes ("temperamento ruim", "mentalmente instável"), enquanto a imprensa oriental ressaltava os relacionamentos e o contexto social ("não se dava bem com o orientador", "influenciado pelo exemplo de um assassinato em massa no Texas"). Consultas realizadas posteriormente com estudantes universitários americanos e chineses geraram percepções idênticas. Embora todos sejam sensíveis em determinado grau ao erro de atribuição, a propensão disso ocorrer é claramente diferente entre as culturas oriental e ocidental.[10]

Vai um vinho com a música?

Imagine-se caminhando em um corredor de supermercado diante de prateleiras com vinhos franceses e alemães, com preços e níveis de qualidade semelhantes. Você faz algumas comparações rápidas, coloca um vinho alemão no carrinho e continua fazendo as compras. Depois de sair, um pesquisador se aproxima e pergunta por que você comprou o vinho alemão. Você menciona então o preço, a secura do vinho e como acha que ele acompanhará bem a refeição que está planejando preparar. O pesquisador pergunta se você observou que a música que estava tocando no supermercado era alemã e se você acha que isso teve alguma influência sobre sua decisão. Como a maioria das pessoas, você reconheceria ter ouvido a música e afirmaria convicto que ela nada teve a ver com sua escolha.

Essa situação baseia-se em um estudo real, e os resultados revelam o primeiro erro do capítulo: a crença de que nossas decisões são independentes de nossas experiências. Nesse teste, os pesquisadores colocaram vinhos franceses e alemães lado a lado juntamente com pequenas bandeiras de cada país. Durante duas semanas os cientistas alternaram música francesa típica, tocada com acordeão, e peças de música alemã, Bierkeller, e observaram os resultados. Quando tocava música francesa, os vinhos franceses representavam 77% das vendas. Quando tocava música alemã, os consumidores escolhiam vinhos alemães em 73% dos casos (Figura 4-2). A música fez grande diferença no resultado das compras. Mas não foi isso que os consumidores acharam.

Apesar de reconhecerem que a música os fez pensar na França ou na Alemanha, 86% negaram que elas tivessem qualquer influência em suas escolhas.[11] Essa experiência é um exemplo de pré-ativação ou *priming*, que os psicólogos formalmente definem como "ativação incidental de estruturas de conhecimento pelo contexto situacional atual".[12] Em outras palavras, o que é absorvido por nossos sentidos influencia a forma como tomamos decisões, mesmo quando parece completamente irrelevante em termos lógicos.

FIGURA 4-2

A música subconscientemente influenciou as decisões de compra

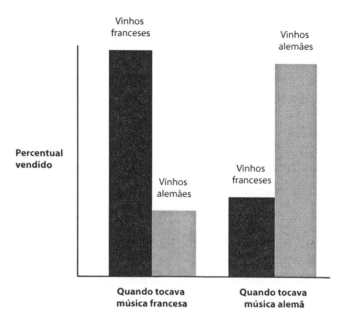

Fonte: Baseado em dados de Adrian C. North, David J. Hargreaves e Jennifer McKendrick, "In-store Music Affects Product Choice", *Nature* 390 (13 de novembro de 2007), 13.

A pré-ativação não está de forma alguma limitada à música. Os pesquisadores manipularam o comportamento por meio da exposição a palavras, cheiros e fundos visuais. Por exemplo, os estudos mostram que:

- Imediatamente após serem expostos a palavras associadas com idosos, os sujeitos submetidos à pré-ativação passaram a caminhar de forma 13% mais lenta do que aqueles expostos a palavras neutras.[13]

- A exposição ao cheiro de um limpador multiuso fez com que os participantes do estudo mantivessem seu ambiente mais limpo na hora de comer biscoito.[14]

- Os sujeitos que visitaram páginas da Web que descreviam dois modelos de sofá preferiam o modelo mais confortável quando viam um fundo com nuvens fofas e escolhiam o sofá mais barato quando viam um fundo com moedas.[15]

Se você, por acaso, contar esse fenômeno em uma festa, as pessoas inevitavelmente vão se lembrar de propaganda subliminar, como acontece quando veiculam um anúncio de uma marca de refrigerantes ou de comida antes de um filme para estimular as vendas do produto. Esse artifício não funciona porque a conexão entre a pré-ativação e as metas situacionais do sujeito geralmente é fraca demais. Enquanto estamos em nossos assentos no cinema, nosso objetivo situacional é assistir ao filme, e não escolher uma marca de refrigerante. Para que a pré-ativação funcione, a associação deve ser suficientemente forte e o indivíduo deve estar em uma situação em que essa associação gere algum comportamento.

A falha do padrão

Você é favorável à doação de órgãos? Você consentiu em ser um doador de órgãos? Se você for como a maioria das pessoas, sua resposta foi "sim" para a primeira pergunta. Mas a resposta à segunda pergunta depende muito do país em que você vive. Por exemplo, analisemos os países vizinhos da Alemanha e da Áustria. Somente 12% dos alemães concordaram explicitamente em doar órgãos, enquanto praticamente

100% dos austríacos consentem, presumidamente (Figura 4-3). Qual a diferença? Para ser um doador de órgãos na Alemanha a pessoa precisa se inscrever no programa. Na Áustria, quem não quiser ser doador, precisa declarar sua intenção. A lacuna do consentimento tem menos relação com as atitudes em relação à doação de órgãos do que com fazer opções padronizadas. A diferença se traduz em número de vidas salvas; o índice real de doação de órgãos é notadamente maior em países em que esta é a opção padrão.[16]

FIGURA 4-3

Como políticas de escolhas influenciam os índices de consentimento

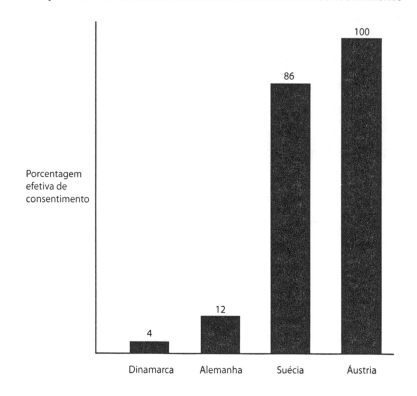

Fonte: Baseado em dados de Eric J. Johnson e Daniel Goldstein, "Do Defaults Save Lives?", *Science* 302 (21 de novembro de 2003), 1338-1339.

A estatística dos doadores aponta para o segundo erro: a percepção de que as pessoas decidem o que é melhor para elas de forma independente de como a escolha é estruturada. Na realidade, muitas pessoas simplesmente seguem as opções padrão disponíveis. Isso se aplica a uma ampla gama de opções, desde questões insignificantes, como o toque de seu celular novo, até a questões com consequências sérias como investimentos financeiros, escolhas educacionais e alternativas médicas. O economista Richard Thaler e a professora de direito Cass Sunstein chamam a relação entre a apresentação da escolha e a decisão final de "arquitetura da escolha". Eles argumentam de forma convincente que podemos levar alguém a tomar determinada decisão unicamente com base na maneira como organizamos as opções disponíveis.[17]

As pessoas que estruturam opções criam um contexto para a tomada de decisões. Como muitas pessoas seguem as alternativas padrão, os arquitetos da escolha podem influenciar a qualidade das decisões de grupos grandes, para melhor ou pior. Thaler e Sunstein defendem o que chamam de "paternalismo libertário", em que o padrão é uma boa opção para muitos (paternalismo), mas os indivíduos podem buscar uma alternativa ao padrão caso queiram (libertarianismo). Os arquitetos da escolha – médicos, empresários, autoridades governamentais – estão em toda parte e operam com ampla gama de habilidades e conscientização.

Um psicólogo proeminente, popular no circuito das palestras, me contou uma história que sublinha como a arquitetura das escolhas continua sendo subavaliada. Quando as empresas o convidam para fazer palestras, ele oferece duas opções: pagamento fixo por uma apresentação padrão ou gratuidade em troca da oportunidade de trabalhar com ele em um experimento para melhorar a arquitetura da escolha (por exemplo, redesenhar um formulário ou um site). Evidentemente, o psicólogo se beneficia obtendo mais resultados reais em termos da arquitetura da escolha, mas parece um bom negócio para a empresa também, porque uma arquitetura melhorada pode se traduzir em benefícios financeiros muito além do preço cobrado pela palestra. Ele observou com tristeza que até hoje nenhuma empresa aceitou sua oferta para realizar a experiência.

Eu gosto de *X*, por isso decido a favor de *X*

Você conhece alguém que rotineiramente compra seguros *e* joga na loteria? Se conhecer, pode descrever seu conhecido como um ser humano normal e alguém que viola os princípios da utilidade esperada. O comprador de seguros e de bilhetes da loteria também personifica um terceiro erro: confiar nas reações emocionais imediatas ao risco em vez de acreditar em juízos imparciais de possíveis resultados futuros.[18] Usando a distinção entre o Sistema 1 (o rápido e experimental) e o Sistema 2 (o mais lento e analítico), esse erro surge quando o sistema experimental suplanta o analítico, levando a decisões que se desviam substancialmente do ideal.

A ideia central é chamada *afeto*, ou como a impressão emocional positiva ou negativa de determinado estímulo influencia as decisões. O conceito básico é que nossos sentimentos em relação a determinado tema influenciam nossa forma de decisão. Respostas afetivas ocorrem de forma rápida e automática, são difíceis de administrar e não entram no plano da consciência. Como afirmou o psicólogo social Robert Zajonc: "Em muitas decisões, o afeto desempenha um papel mais importante do que estamos dispostos a admitir. Às vezes, nos enganamos dizendo que levamos a vida de forma racional e que pesamos os prós e os contras de várias alternativas. Mas raramente isso ocorre. Muitas vezes, dizer que 'Decidi a favor de X' nada mais é do que afirmar 'Eu gosto de X."'[19] O afeto é situacional porque frequentemente segue resultados vívidos ou uma experiência individual específica.[20]

A pesquisa sobre afeto revela dois princípios essenciais relacionados a probabilidades e a resultados. Em primeiro lugar, quando os resultados de uma oportunidade não têm significado afetivo sólido, as pessoas tendem a exagerar as probabilidades. Como exemplo, Paul Slovic, professor de psicologia da University of Oregon, pediu a um grupo para avaliar um sistema para salvar 150 vidas e a um outro grupo para avaliar um sistema para salvar 98% de 150 vidas. Embora salvar 150 vidas seja claramente melhor, a opção de 98% recebeu uma avaliação muito mais alta. O motivo é que o primeiro grupo não encontrou valor afetivo no número 150, ao passo que 98%, ou seja, quase o ideal de 100%, era afetivamente mais significativo. Portanto, a probabilidade assumiu papel preponderante na avaliação.[21]

Em contraste, quando os resultados são claros, as pessoas prestam pouca atenção nas probabilidades e muito mais nos resultados. Por exemplo, quem joga na loteria tem o mesmo sentimento, quer a probabilidade de vencer seja uma em 10 milhões ou uma em 10 mil, porque a recompensa é grande e carrega muitos significados afetivos. Essa insensibilidade à probabilidade explica por que os indivíduos simultaneamente jogam na loteria e compram seguros: a valência dos ganhos na loteria ou das perdas de propriedade exacerba as probabilidades de ganhar ou perder.

Tornando-se a sua função

"Pessoas comuns, que simplesmente cumprem suas funções, sem causar problemas, podem se tornar agentes em um processo destrutivo terrível", escreveu Stanley Milgram.[22] Seu comentário resume a principal lição de um bem conhecido estudo sobre a obediência à autoridade. Milgram, um psicólogo discípulo de Asch, mostrou que, em certas condições, os indivíduos se submetiam à autoridade e administravam choques letais para punir outro participante do experimento. Evidentemente, os choques eram falsos – embora os sujeitos não soubessem disso –, mas, mediante o olhar autoritário do supervisor da experiência, a maior parte dos participantes obedientemente infligia uma enorme quantidade de dor. Os sujeitos administravam choques em níveis mais altos do que vários grupos haviam previsto antes da experiência, e cerca de metade dos participantes continuou até o nível de choque máximo (nefastamente rotulado de *xxx* no gerador de choques). Jerry Burger, um psicólogo da Santa Clara University, recentemente concluiu uma versão modificada do experimento com resultados semelhantes aos de Milgram praticamente meio século antes.[23]

A experiência de Milgram descreve o erro final deste capítulo: explicar o comportamento concentrando-se na disposição das pessoas, em vez de considerar a situação. Essa é uma outra forma de definir o erro fundamental de atribuição. O ponto vital é que a situação, em geral, é muito mais poderosa do que a maioria das pessoas – especialmente os ocidentais – reconhece. A combinação do senso de grupo e de ambiente lança as bases para o comportamento que pode se desviar substancialmente da norma.

Philip Zimbardo, psicólogo da Stanford University, realizou uma experiência em 1971 que se equipara às de Asch e Milgram no que diz respeito ao poder da situação. Para começar, Zimbardo anunciou procurar voluntários para uma experiência na prisão que duraria duas semanas, oferecendo US$ 15 por dia. Ele submeteu os setenta candidatos a testes psicológicos e físicos e terminou com 24 estudantes do sexo masculino, de classe média, saudáveis e mentalmente estáveis da região de Palo Alto, no estado norte-americano da Califórnia.

Jogando uma moeda, Zimbardo indicou que metade dos voluntários seria prisioneiro e os demais seriam guardas da prisão. Uma manhã, um carro de polícia de Palo Alto recolheu os prisioneiros, "acusando-os" de roubo e assalto à mão armada. Os guardas deveriam cumprir um de três turnos de oito horas.

Com a ajuda dos consultores penitenciários, Zimbardo construiu uma prisão no porão do prédio que abrigava o departamento de psicologia de Stanford. Ao chegarem à prisão, os guardas e o zelador fizeram de tudo para humilhar, desumanizar e oprimir os prisioneiros.

Apesar de Zimbardo ter designado aleatoriamente as funções, a situação claramente moldou o comportamento. Ele observou que os voluntários (e ele mesmo) começaram a se comportar conforme as funções que lhes foram atribuídas. Os prisioneiros tentaram várias táticas para tirar vantagem dos guardas e tentaram escapar, enquanto os guardas se uniram para manter os prisioneiros em xeque. Preocupado com o fato de que os guardas estavam exagerando no abuso aos prisioneiros, Zimbardo questionou a moralidade da situação e terminou o estudo apenas cinco dias depois.[24]

Zimbardo explica os fatores que tornaram a situação tão violenta. Em primeiro lugar, o poder situacional é mais provável em ambientes novos, em que não existem diretrizes comportamentais anteriores. Em segundo lugar, as regras – que podem emergir por meio da interação ou podem ser predeterminadas – podem criar um meio para dominar e reprimir os outros porque as pessoas justificam seu comportamento simplesmente em conformidade com as regras. Em terceiro lugar, quando as pessoas são solicitadas a desempenhar determinado papel durante um período prolongado, elas se tornam atores que não podem se separar de seus personagens. Papéis afastam as pessoas de suas vidas normais e aceitam comportamentos que em geral elas evitariam. Finalmente, em situações que levam a comportamentos negativos, muitas vezes existe um inimigo – um grupo de fora. Isso é especialmente pronunciado quando o grupo de dentro e o grupo de fora param de se concentrar nos indivíduos.[25]

Zimbardo termina *The Lucifer Effect*, seu livro sobre o poder situacional, com uma nota estimulante, oferecendo sugestões para resistir à força exercida pela influência social indesejada. Essencialmente, a maioria das recomendações tem a mesma mensagem: cuidado com o que está acontecendo a seu redor.

O poder da inércia

A inércia, ou a resistência à mudança, também mostra como a situação molda as decisões do mundo real. Uma resposta comum à pergunta "Por que agimos assim?" é "Sempre fizemos assim". Os indivíduos e as organizações perpetuam práticas ruins mesmo quando sua utilidade original desapareceu ou métodos melhores surgiram. A situação impede que as pessoas analisem problemas antigos com um olhar inovador.

Em 1990, quando David Johnson assumiu o cargo de CEO, havia uma substancial defasagem entre a Campbell Soup Company e suas empresas pares em medidas financeiras, como retorno sobre o patrimônio e crescimento de receitas. Johnson foi perspicaz ao considerar qualquer mudança operacional que permitisse maiores retornos e crescimento. Ao revisar as operações, ele encontrou uma promoção anual de outono de sopas de tomate, o carro-chefe da empresa e seu produto mais rentável. Suspeitando que a campanha seria um desperdício de dinheiro, Johnson perguntou por que o programa existia. O executivo encarregado respondeu: "Não sei. Pelo que sei, sempre tivemos uma promoção de outono."

Johnson continuou a pesquisar. Na época da Primeira Guerra Mundial, a Campbell decidiu cultivar suas próprias hortaliças para garantir a qualidade. Nas oito semanas de colheita do tomate, a empresa dedicou toda sua capacidade para produzir sopa e suco. Ao final da colheita, os estoques da Campbell atingiram o nível máximo, mas a principal temporada de sopas estava a meses de distância. Assim, a empresa passou a fazer uma promoção para movimentar seu estoque.

Naturalmente, nos oitenta anos entre a decisão original e a investigação de Johnson, a empresa avançara e encontrara fontes de tomate o ano todo, evitando, assim, um crescimento exagerado do estoque em determinadas estações e eliminando a necessidade da promoção. No entanto, a promoção de outono continuou a existir, um vestígio não econômico de épocas passadas. Para superar a inércia, Peter Drucker, o lendário consultor, sugeriu fazer a pergunta aparentemente ingênua: "Se nós já não fazemos isso, será que, sabendo o que sabemos hoje, nós o faríamos?"[26]

Os regulamentos podem resultar em outra forma de inércia. A maioria das pessoas (inclusive os médicos) pensa na medicina como uma arte na qual médicos diagnosticam e tratam pacientes de acordo com suas próprias necessidades. A criação de procedimentos rígidos, como a lista de verificação de um piloto, parece excessivamente restritiva. Ainda assim, o uso de listas pode ajudar os médicos a salvar vidas. Não é que eles não saibam o que fazer – na maioria dos casos, eles conhecem seu ofício –, só que nem sempre eles seguem todos os passos que deveriam seguir. Quando perguntado por que os médicos dispensam listas, Joseph Britto, ex-médico, ironizou: "Diferentemente dos pilotos, os médicos não pousam junto com seus aviões."[27]

Cirurgião e escritor, o Dr. Atul Gawande explicou como a inércia reguladora venceu o bom processo decisório, mesmo quando as consequências eram uma questão de vida ou morte.[28] Gawande contou a história do Dr. Peter Pronovost, um anestesiologista e especialista em tratamento intensivo do Johns Hopkins Hospital. A morte de seu pai por um erro médico estimulou Pronovost a dedicar sua carreira a garantir a segurança dos pacientes. Ele começou com uma lista de cinco passos para ajudar a prevenir infecções como resultado da inserção de linhas intravenosas nos pacientes. Nos Estados Unidos, os profissionais da saúde inserem cerca de 5 milhões de linhas nos pacientes todos os anos, e cerca de 4% ficam infectados dentro de uma semana e meia. O custo adicional de tratar esses pacientes é de aproximadamente US$ 3 bilhões por ano, e as complicações resultam em 20 a 30 mil óbitos anuais que poderiam ter sido evitados.

Não há nada de revolucionário na lista elaborada por Pronovost, que refletiu sobre os procedimentos-padrão que os médicos tinham aprendido havia anos. Mesmo assim, ele observou que os médicos esqueciam pelo menos um passo em cerca de um terço dos pacientes, em geral porque estavam ocupados demais resolvendo problemas mais urgentes. Assim, ele convenceu os administradores do hospital a fazerem com que os enfermeiros garantissem que os médicos estavam seguindo todos os passos. Quando saíam da rota, teriam um enfermeiro para colocá-los de volta no rumo certo.

Pronovost iniciou o programa no Johns Hopkins Hospital, onde a taxa de infecções era altíssima. Os administradores do hospital estimaram que o uso da lista para esse único procedimento salvou inúmeras vidas e milhões de dólares nos primeiros anos.

Estimulado por esses resultados, Pronovost convenceu a Michigan Health & Hospital Association a adotar suas listas. A taxa de infecção no estado do Michigan estava acima da média nacional dos EUA. No entanto, após apenas três meses de utilização das listas de verificação, esse índice tinha caído dois terços. O programa salvou um número estimado de 1.500 vidas e economizou cerca de US$ 200 milhões nos primeiros 18 meses.

O trabalho de Pronovost não passou despercebido. Outros estados norte-americanos começaram a considerar o programa, a revista *Time* o considerou uma das cem pessoas mais influentes do mundo e ele recebeu um prestigiado prêmio da MacArthur para "gênios".

Mas, então, a inércia atrapalhou.

No final de 2007, uma agência federal dos EUA chamada Office for Human Research Protections (Escritório de Proteção à Pesquisa com Seres Humanos) acusou o programa de Michigan de violar regulamentos federais. A surpreendente justificativa foi que a lista representava uma alteração da assistência médica, de forma semelhante a um medicamento experimental, e que deveria continuar apenas com monitoramento federal e a aprovação expressa por escrito do paciente. Embora a agência tenha permitido que o trabalho continuasse, preocupações com regulamentos federais atrasaram desnecessariamente o progresso do programa em outras partes do país. A inércia burocrática triunfou sobre uma abordagem melhor.

Eis algumas ideias para ajudá-lo a lidar com o poder da situação:

1. *Tenha consciência da situação.* Pense nisso em duas partes. Existe um elemento consciente, no qual é possível criar um ambiente positivo para tomar as decisões em seu próprio território concentrando-se no processo, mantendo o estresse em um nível aceitável, sendo um sensato arquiteto de escolhas e assegurando a distribuição de forças que estimulam comportamentos negativos.

    Em seguida, é preciso lidar com as influências subconscientes. O controle sobre essas influências requer a consciência da influência, motivação para lidar com ela e disposição para dedicar atenção para resolver possíveis decisões ruins. No mundo real, satisfazer a todas as três condições é extremamente difícil, mas o caminho começa com a conscientização.[29]

2. *Considere primeiro a situação e, depois, o indivíduo.* Este conceito, chamado de "caridade da atribuição", insiste no fato de que você deve avaliar as decisões de terceiros começando com a situação até chegar aos indivíduos, e não o contrário. Embora seja mais fácil para os orientais do que para os ocidentais, a maioria de nós subestima consistentemente o papel da situação na hora de avaliar decisões que outras pessoas tomam. Tente não cometer o erro fundamental de atribuição.[30]

3. *Cuidado com o imperativo institucional.* Warren Buffett, celebrado investidor e presidente do Conselho da Berkshire Hathaway, cunhou a expressão *imperativo institucional* para explicar a tendência das organizações de imitar "insensatamente" o que seus pares estão fazendo. Tipicamente, existem dois motivadores subjacentes do imperativo. Em primeiro lugar, as empresas querem fazer parte do grupo, assim como os indivíduos. Assim, se algumas empresas do setor estão passando por processos de fusão, buscando crescimento ou expansão, outras ficarão tentadas a segui-las. Em segundo lugar estão os incentivos. Os executivos frequentemente colhem recompensas financeiras seguindo o grupo. Quando os tomadores de decisão ganham dinheiro por fazerem parte das massas, os benefícios são quase sempre certos.[31]

Um exemplo vem de uma entrevista no *Financial Times* com o ex-CEO do Citigroup, Chuck Prince, em 2007, antes da crise financeira estourar. "Quando a música parar, as coisas ficarão complicadas", disse Prince, demonstrando que ele tinha alguma ideia do que estava por vir. "Mas se a música continuar tocando, você tem de se levantar e dançar."[32] O imperativo institucional raramente é um bom parceiro de dança.

4. *Evite a inércia.* Periodicamente reavalie os processos e pergunte se eles estão atendendo a seu objetivo. As organizações, às vezes, adotam rotinas e estruturas que se cristalizam, impedindo a mudança positiva. Os esforços para reformar a educação nos Estados Unidos, por exemplo, encontraram resistência de professores e administradores que preferem o *status quo*.

Gostamos de pensar como bons tomadores de decisão: ponderamos os fatos, consideramos as alternativas e selecionamos o melhor curso de ação. Percebemos que somos largamente imunes à influência de terceiros na hora de decidir e agir. Convencemo-nos de que os fatos e a nossa experiência ganham o dia, e não as variações comportamentais das pessoas que nos cercam.

Infelizmente, a realidade contradiz duramente as nossas percepções. O processo decisório, seja em um consultório médico, na sala do conselho de administração ou no tribunal, é um exercício inerentemente social. Fatores como pré-ativação, padrões, afeto e comportamento das pessoas a nossa volta pesam em nossa forma de decidir e frequentemente estão fora do alcance de nossa consciência. Um tomador de decisões consciencioso reconhece essa miríade de influências e trabalha para administrá-las com sucesso.

CAPÍTULO 5

Mais é diferente

Como as abelhas encontram a melhor colmeia sem um corretor

"SE VOCÊ OBSERVAR UMA FORMIGA tentando fazer alguma coisa, ficará impressionado com sua falta de aptidão", diz Deborah Gordon, bióloga da Stanford University que estuda o comportamento das formigas. Mas ela logo acrescenta: "As formigas não são inteligentes; as colônias de formigas são."[1] Insetos sociais como as formigas, abelhas e cupins estão dentre as criaturas mais incríveis da natureza. As colônias dessas espécies aparentemente simples floresceram durante dezenas de milhões de anos sem que ninguém estivesse no comando. As colônias se alimentam, lutam e se reproduzem com sucesso; cada inseto segue regras simples, agindo com base em informações locais, sem ter noção sobre o que está acontecendo na colônia como um todo.

Os humanos são mais hierárquicos e habitualmente confiam nos especialistas. Por exemplo, como você encontrou sua casa atual? Provavelmente, você contratou um corretor de imóveis que mostrou local após local até você ter identificado um que atendesse suas necessidades em termos de localização, tamanho e faixa de preço. Valendo-se do conhecimento sinóptico do mercado e de suas necessidades, o corretor encontrou o vendedor certo.

Então, como encontrar uma casa adequada para milhares de indivíduos?

As abelhas resolveram esse problema. À medida que o final da primavera se aproxima, a rainha e aproximadamente metade de uma próspera colmeia saem para iniciar uma nova colônia. Composto por quase 10 mil membros, o enxame, primeiro, para em um galho de uma árvore próxima, onde as abelhas formam um agrupamento em forma de barba. Por fim, parte junto em busca de seu novo lar, geralmente uma árvore oca atraente a distância.

Os apicultores observaram esses processos de formação de enxames durante séculos sem entender como as abelhas fazem. Para responder a essa pergunta, Thomas Seeley e Kirk Visscher, biólogos especializados em compreender o comportamento das abelhas, prepararam condições controladas e estudaram cuidadosamente como o enxame encontra um novo lar. Os cientistas levaram enxames de abelhas, cada qual identificado, para uma ilha isolada na costa do estado de Maine. Em seguida, montaram cinco caixas para as abelhas escolherem, incluindo uma casa dos sonhos para abelhas com tamanho, altura e orientação ideais. A ilha praticamente não tinha árvores, o que limitava "o mercado imobiliário" e garantia que as abelhas teriam à disposição caixas de variados graus de atratividade.

Seeley e Visscher descobriram que apenas poucas centenas de abelhas saíam para investigar e avaliar suas opções. Ao retornar para o enxame, o "batedor" que tivesse encontrado uma possível morada atraente fazia uma dança especial, uma série de circuitos em um padrão de um número 8, com o ângulo da dança indicando a localização, e a duração refletindo a qualidade do local. Quanto melhor o local, mais longa era a dança.

Até agora, tudo certo. Mas eis o que surpreendeu os cientistas: a decisão de partir para uma nova casa não acontece quando as abelhas estão ao ar livre, como seria esperado se você tivesse a mentalidade da sabedoria das massas. Em vez disso, as abelhas fazem a opção no potencial local do ninho. Assim que os "batedores" avistam outras abelhas próximas a um possível novo lar, eles sentem que existe um quórum. Voam de volta para o enxame, estimulam-no a voar e orientam o grupo até seu novo lar. Como lembra Seeley: "É uma disputa entre possíveis locais para ver qual consegue maior apoio. Aquele que atrair 15 abelhas vence." Incrivelmente, as abelhas quase sempre escolhem o melhor local.[2]

Os enxames têm muito a nos ensinar, da condução de uma reunião de comitê à resolução de problemas combinatoriais complexos.[3] No entanto, para apresentar o erro de decisão do presente capítulo, eu gostaria de enfocar em por que a inteligência dos enxames é tão contraintuitiva: não é possível compreender o comportamento complexo dos enxames analisando as decisões de alguns poucos indivíduos. Diferentemente da maioria das instituições humanas, não existe um líder. É um mundo livre de orçamentos, planos estratégicos e prazos, por isso, não podemos entender por que o grupo é tão eficaz entrevistando seus membros individualmente.

Na verdade, Seeley e Visscher descobriram que o sinal que qualquer abelha "batedora individual" emitia era "extremamente barulhento" e que somente a soma dos indivíduos permitia que o grupo determinasse o que fazer.[4] Não conseguimos entender, muito menos administrar, um sistema adaptativo complexo no nível errado. Ainda assim, a tendência de interpretar o comportamento de um sistema complexo a partir de seus componentes é tão comum quanto errada.

Sistemas adaptativos complexos – o todo é mais inteligente do que as partes

Vamos definir um sistema adaptativo complexo e explicar por que ele intriga os observadores. Podemos imaginar um sistema adaptativo complexo em três partes (Figura 5-1).[5] Primeiro, existe um grupo de agentes heterogêneos. Esses agentes podem ser neurônios no cérebro, abelhas em uma colmeia, investidores em um mercado ou pessoas em uma cidade. Heterogeneidade significa que cada agente tem regras diferentes e está em constante evolução para tomar decisões que reflitam o ambiente e tentem prever uma mudança nele. Segundo, esses agentes interagem entre si, e suas interações criam estrutura – os cientistas em geral chamam isso de emergência. Finalmente, a estrutura que emerge comporta-se como um sistema de nível mais alto e possui propriedades e características diferentes daquelas dos agentes propriamente ditos.

FIGURA 5-1

Descrição simples de um sistema adaptativo complexo

Sem acréscimo

Sistema global
↑
Emergência por meio da interação
↑
Agentes com perspectivas e heurísticas heterogêneas

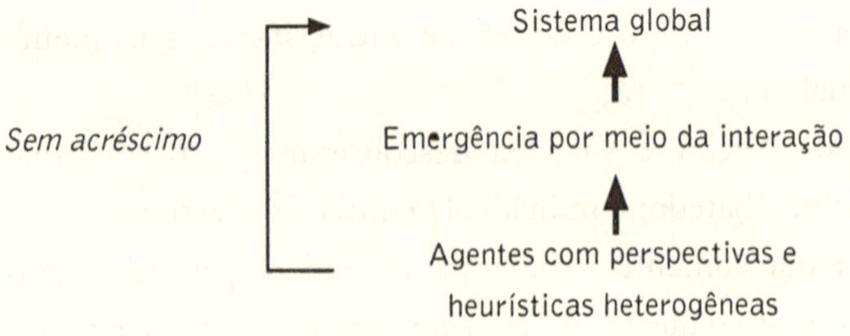

Pense nos comentários de Deborah Gordon. Embora as formigas individuais sejam ineptas, a colônia como um todo é inteligente.

O todo é maior do que a soma das partes. A incapacidade de compreender o sistema com base em seus componentes levou o físico ganhador do Prêmio Nobel, Philip Anderson, a escrever um ensaio intitulado "More is different" (Mais é diferente). Anderson escreveu: "O comportamento de massas grandes e complexas de partículas elementares, no final das contas, não deve ser compreendido em termos da simples extrapolação das propriedades de algumas poucas partículas. Em vez disso, em cada nível de complexidade, propriedades inteiramente novas aparecem." [6] Se você quiser entender uma colônia de formigas, não pergunte nada a uma formiga, pois ela não sabe o que está acontecendo. Estude a colônia.

O problema vai além da natureza inescrutável dos sistemas adaptativos complexos. Os humanos têm um profundo desejo de compreender causa e efeito, uma vez que esses elos, provavelmente, conferiram uma vantagem evolucionária a eles.[7] Em sistemas adaptativos complexos, não há um método simples para entender o todo por meio do estudo das partes, por isso, é inútil procurar causas simples no nível do agente para efeitos no nível do sistema. No entanto, nossas mentes podem muito bem inventar uma causa para aliviar a ânsia produzida por um efeito inexplicado.[8] Quando uma mente ávida por estabelecer vínculos entre causa e efeito encontra um sistema que os oculta, acidentes acontecerão.

Logo no início de minha carreira deparei com o primeiro erro, ou seja, extrapolar inadequadamente o comportamento individual para explicar o comportamento coletivo. A partir do momento em que comecei a atuar em Wall Street, ouvi dizer que os rendimentos por ação de determinada empresa são fundamentais para estabelecer o preço de suas ações. Investidores, executivos e a mídia ainda batem nessa mesma tecla. Eu então analisei estudos de economistas financeiros que concluíram que o fluxo de caixa determinava os preços das ações, não os rendimentos.[9] Então, qual dos dois está certo?

No final das contas, os rendimentos e o fluxo de caixa abordam a questão utilizando dois enfoques muito diferentes. O campo dos rendimentos ouve o que as pessoas dizem no dia a dia, incluindo os boatos da comunidade de investimentos, o que aparece nas telas da CNBC e as histórias retratadas nas páginas do *Wall Street Journal*. Por outro lado, os economistas avaliam como o *mercado* se comporta. Um grupo se concentra nos componentes, o outro, no agregado. Pesquisas em economia experimental, por exemplo, demonstram que os mercados podem gerar preços muito eficientes mesmo quando os participantes individuais têm informações limitadas. Assim como observar uma abelha não vai ajudar você a compreender o comportamento da colmeia, ouvir os investidores individuais só tocará de leve a superfície dos mercados.[10]

Já expliquei aos executivos inúmeras vezes que a opinião do mercado é muito mais relevante do que os pronunciamentos dos indivíduos. Estudando o mercado, podemos ter uma ideia muito melhor de como as várias decisões afetam o valor econômico do que quando ouvimos indivíduos parcialmente informados. Esta não é apenas uma questão de interesse acadêmico: uma pesquisa recente com executivos demonstrou que 80% deles abandonariam investimentos que criam valor para atender a uma meta de lucro.[11]

Essa ênfase exagerada é crucial para executivos, que confiam mais na dúbia orientação de consultores regiamente remunerados – que recebem para fechar negócios – do que na sabedoria coletiva do mercado. Mudar do individual para o coletivo é difícil em nossas mentes, especialmente porque as opiniões dos indivíduos são muito mais acessíveis e persuasivas.[12]

Infelizmente, esse erro também aparece nas finanças comportamentais, um campo que considera o papel da psicologia na tomada de decisões econômicas. Os entusiastas das finanças comportamentais acreditam que, como os indivíduos são irracionais – o que é contrário à teoria econômica clássica – e os mercados são formados por indivíduos, os mercados devem ser irracionais. Isso é como dizer: "Estudamos as formigas e temos como demonstrar que elas são desajeitadas e ineptas. Portanto, podemos considerar que as colônias de formigas também são desajeitadas e ineptas." Entretanto, essa conclusão não se sustenta se mais for diferente – e de fato é. A irracionalidade do mercado não é um resultado direto da irracionalidade dos indivíduos. Você e eu talvez sejamos irracionalmente confiantes, por exemplo, mas se você é um comprador exageradamente confiante e eu for um vendedor exageradamente confiante, nossos vieses talvez se anulem. Ao lidar com sistemas, o comportamento coletivo é mais importante. É preciso considerar cuidadosamente a unidade de análise para tomar uma decisão adequada.

Consequências inesperadas: alimente um alce e deixe um ecossistema com fome

Quando lidamos com um sistema que possui várias partes interconectadas, mexer em uma parte pode ter consequências imprevisíveis no todo. Vamos considerar o exemplo do Parque Nacional de Yellowstone, nos Estados Unidos. Em retrospecto, parece que as agruras do parque começaram quando os exploradores em meados do século XIX não conseguiram encontrar comida suficiente em grande parte de seus 2,2 milhões de acres. Formalmente designado em 1872, Yellowstone vira boa parte de seus animais de caça – alces, bisões, antílopes e veados – desaparecer nas mãos de caçadores e saqueadores nas décadas anteriores. Assim, em 1886, a Cavalaria dos EUA foi chamada para administrar o parque. Uma das primeiras determinações foi aumentar a população de animais de caça do parque.

Após alguns anos de alimentação e tratamento especiais, a população de alces cresceu rapidamente. Na verdade, os animais se tornaram tão abundantes que começaram a destruir a flora essencial do parque e a causar erosão do solo pelo excesso de pastagem. A partir daí, os eventos se sucederam em cascata: o declínio das faias negras, consumidas pelos alces famintos, encolheu a população de castores. As represas construídas pelos castores eram importantes para o ecossistema porque diminuíam a velocidade da água dos córregos, reduzia a erosão e mantinha a água limpa para a procriação das trutas. Sem os castores, o ecossistema se deteriorou rapidamente.

No entanto, os administradores do parque não perceberam que a explosão da população dos alces era responsável pelo problema. Na verdade, depois que quase 60% da população de alces morreu de fome ou sucumbiu por causa de doenças no inverno de 1919-1920, o National Park Service subestimou a falta de alimentos e falsamente colocou a culpa pelas mortes em outro grupo de residentes de Yellowstone: os predadores.

Agindo por conta própria, eles mataram (muitas vezes de forma ilegal e ilícita) lobos, leões-da-montanha e coiotes. Entretanto, quanto mais matavam esses animais, pior ficava a situação. A população de animais de caça começou a ter ondas erráticas de crescimento. Isso só estimulou os administradores a redobrar seus esforços, ocasionando um mórbido *loop*. Em meados da década de 1900 eles haviam praticamente eliminado os predadores do parque. O National Park Service abateu o último em 1926, para reintroduzi-los setenta anos mais tarde.[13]

E assim aconteceu. A desastrada supervisão em Yellowstone ilustra o segundo erro que cerca sistemas complexos: como lidar com um componente do sistema pode ter consequências inesperadas no todo. Alston Chase escreveu sobre o National Park Service: "Eles vinham bancando Deus há 95 anos e tudo que faziam parecia só agravar a situação. Em suas tentativas de administrar essa bela área selvagem, eles pareciam presos em um terrível labirinto, em que cada erro tornava o parque pior, e nenhum erro era corrigido."[14]

É reconhecido há muitos anos que consequências não intencionais em um sistema emergem até mesmo das ações mais bem-intencionadas em nível individual.[15] No entanto, o desafio de tomar decisões continua existindo por vários motivos. Em primeiro lugar, nosso mundo moderno tem mais sistemas interconectados do que antes. Assim, encontramos esses sistemas com maior frequência e, mais provavelmente, com consequências mais sérias. Em segundo lugar, ainda tentamos curar problemas em sistemas complexos com um entendimento ingênuo de causa e efeito.

A decisão do governo norte-americano de deixar o banco de investimentos Lehman Brothers falir em setembro de 2008 é um bom exemplo. A posição do governo foi que, uma vez que o mercado entendia a grave situação financeira do Lehman, ele poderia absorver as consequências. Entretanto, o anúncio da falência abalou os mercados financeiros globais porque as perdas do Lehman eram maiores do que se imaginou inicialmente, contribuindo para aumentar a aversão global ao risco. Mesmo partes do mercado que eram percebidas como seguras, como fundos do mercado monetário, foram afetadas. Por exemplo, o Reserve Primary Fund, um dos mais antigos e maiores fundos mutuários do mercado monetário dos EUA, anunciou que perdera dinheiro dos titulares do fundo porque a dívida do Lehman Brothers que o fundo detinha fora extinta. O anúncio chocou investidores e minou a confiança no sistema financeiro como um todo.[16]

Esse desafio também repercute em outros campos. Por exemplo, Murray Bowen, psiquiatra da Georgetown University, reconheceu esse problema em seu estudo e no tratamento de pacientes esquizofrênicos.[17] Logo no início de sua carreira como médico, o estudo de Bowen sobre uma ampla gama de disciplinas o convenceu a adotar uma visão mais ampla da saúde mental do que era comum na época. Embora o tratamento padrão enfocasse exclusivamente o indivíduo, Bowen via o paciente no contexto de um sistema familiar. Portanto, a Teoria de Bowen oferece enfoques para compreender e tratar o comportamento individual como parte de uma família e de um sistema social interconectados. Podemos ver facilmente como problemas semelhantes ocorrem na medicina ocidental, em que os incentivos levaram a um número maior de especialistas (as partes) à custa dos médicos de assistência primária (o todo).[18]

A constelação é mais importante do que a estrela mais brilhante

Qual é a maneira mais rápida de melhorar os resultados de sua organização? Muitas empresas, equipes esportivas e negócios de entretenimento optam pela mesma solução: contratam uma estrela. À primeira vista, trazer uma estrela parece uma ótima ideia, pela promessa de um ímpeto rápido no desempenho. Com frequência, entretanto, as estrelas não atendem às expectativas em suas novas funções.[19] Uma explicação está em nosso próximo erro relacionado a sistemas, que é isolar o desempenho individual sem consideração adequada do sistema ao redor do indivíduo.

Mais claramente, a reversão para a média provavelmente representa alguma parte do fraco desempenho da estrela. Mas isso não explica tudo. O desempenho de uma estrela baseia-se, até certo ponto, nas pessoas, na estrutura e nas normas a sua volta, ou seja, no sistema. A análise dos resultados requer identificar as contribuições do indivíduo *versus* as do sistema, algo que não fazemos muito bem. Quando erramos, tendemos a exagerar o papel do indivíduo.

Esse erro traz consequências porque as organizações em geral pagam caro para atrair estrelas com alto desempenho, e depois se frustram amargamente. Em um estudo, um trio de professores da Harvard Business School acompanhou mais de mil analistas de patrimônio aclamados durante uma década e monitorou como o seu desempenho mudava quando eles trocavam de emprego. Chegaram à mesma conclusão em todos os casos: "Quando determinada empresa contrata uma estrela e o desempenho da estrela afunda, há uma queda acentuada no funcionamento do grupo ou da equipe com a qual a pessoa trabalha, e o valor de mercado da empresa cai."[20] A organização se frustra porque não considerou as vantagens baseadas em sistemas que o empregador anterior oferecia, incluindo reputação e recursos da empresa. Os empregadores também subestimam as relações que apoiaram o sucesso anterior, a qualidade dos demais empregados e a familiaridade com processos passados.

Todos os três erros têm a mesma origem: um foco em uma parte isolada de um sistema adaptativo complexo sem apreciação da dinâmica do sistema. Considerando o fato de que as mudanças tecnológicas, sociais e ambientais estão acelerando, podemos ter certeza de que encontraremos sistemas complexos com frequência cada vez maior.

O que fazer quando você está lidando com um sistema adaptativo complexo? Eis algumas ideias que podem ajudá-lo na hora de tomar uma decisão:

1. *Considere o sistema no nível correto.* Lembre-se da expressão "mais é diferente". A armadilha mais comum é extrapolar o comportamento dos agentes individuais para obter um senso de comportamento de sistema. Se quiser entender a bolsa de valores, estude-a no nível do mercado. Leve em conta o que vê e lê sobre os indivíduos como entretenimento, e não como educação. Da mesma forma, esteja ciente de que a função de um agente individual fora do sistema pode ser muito diferente da função dentro do sistema. Por exemplo, as células dos mamíferos têm as mesmas taxas metabólicas *in vitro*, sejam de víboras ou de elefantes. Mas a taxa metabólica das células em mamíferos pequenos é muito maior do que em mamíferos grandes. As mesmas células estruturais funcionam com taxas diferentes, dependendo dos animais nas quais estão alojadas.[21]

2. *Procure sistemas rigidamente acoplados.* Um sistema está rigidamente acoplado a outro quando não há folga entre os itens, permitindo que um processo passe de um estágio para o próximo sem qualquer oportunidade de intervenção. Aeronaves, missões espaciais e usinas nucleares são exemplos clássicos de sistemas complexos e rigidamente acoplados. Os engenheiros tentam incorporar separadores ou redundâncias nesses sistemas para evitar falhas, mas frequentemente não preveem todas as possíveis contingências.[22] Sistemas adaptativos mais complexos são frouxamente acoplados; neles, a remoção ou a incapacitação de um ou mais agentes tem pouco impacto no desempenho do sistema. Por exemplo, se você remover aleatoriamente alguns investidores, o mercado de capitais continuará a funcionar

bem. No entanto, quando os agentes perdem diversidade e se comportam de forma coordenada, o sistema adaptativo complexo pode se comportar de forma rigidamente acoplada. Altas e quebras nos mercados financeiros servem de ilustração.

3. *Use simulações para criar mundos virtuais.* Lidar com sistemas complexos é inerentemente capcioso porque o feedback é enganoso, as informações são limitadas e não há elo claro entre causa e efeito. A simulação é uma ferramenta que pode ajudar o processo de aprendizado. As simulações são baratas, oferecem retorno e provaram seu valor em outros domínios, como planejamento militar e treinamento de pilotos.[23]

Talvez o melhor exemplo para o mundo dos negócios seja "The Beer Game", popularizado por John Sterman, professor de administração do MIT Sloan School of Management e diretor do MIT System Dynamics Group. O tabuleiro do jogo retrata a cadeia de valor da cerveja, e o instrutor designa aos participantes funções como varejistas, atacadistas, distribuidores ou produtores. Em cada semana simulada os clientes compram cerveja e quatro equipes na cadeia de valor tentam minimizar seus custos de inventário e de reservas, tentando garantir que possuam estoque suficiente para seus clientes. Após 36 semanas, a equipe com os menores custos ganha o jogo.

As equipes estão bem-informadas sobre seus inventários, reservas e pedidos, mas possuem poucas informações sobre o que está acontecendo no jogo como um todo. Como as abelhas de Seeley, cada equipe tem boas informações locais, mas as informações globais são ruins.

Embora o jogo esteja estruturado de forma relativamente direta, Sterman reporta que os jogadores se esforçam para entender o sistema e tendem a cometer erros comuns. Os pedidos e os estoques flutuam livremente, e os jogadores se sentem frustrados e abandonados. A maioria não consegue compreender como suas decisões individuais afetam o sistema como um todo.

Tendo observado os resultados do jogo, Sterman escreve: "Compreender como pessoas inteligentes e bem-intencionadas podem criar um resultado que ninguém esperava e ninguém queria é uma das lições mais profundas do jogo."[24] Infelizmente, poucos indivíduos, organizações e empresas utilizam simulações, apesar das lições que elas oferecem.

"Processos ordenados de criação de juízos e intuição levam as pessoas a tomarem decisões ruins quando confrontadas com sistemas complexos e de alta interação", escreveu Jay Forrester, o pai da dinâmica dos sistemas, há quase quarenta anos.[25] Embora os sistemas adaptativos complexos sejam mais frequentes hoje em dia, nossas mentes não estão mais abertas a sua compreensão. Nosso desejo inato de encontrar relações de causa e efeito nos leva a entender o sistema no nível errado, resultando em erros previsíveis. Sistemas adaptativos complexos muitas vezes têm bom desempenho no nível do sistema, apesar de agentes estúpidos (algo que cientistas e leigos, em geral, não entendem).[26] Por outro lado, consequências não intencionais podem levar ao fracasso quando indivíduos bem-intencionados tentam administrar o sistema para alcançar determinada meta. Assim, se você lidar com um sistema adaptativo complexo, certifique-se de definir cuidadosamente sua meta no nível do sistema e avançar com cautela em direção à implementação de mudanças em nível de agente para alcançar seu objetivo.

CAPÍTULO 6

Evidência das circunstâncias

Como terceirizar o Dreamliner tornou-se o pesadelo da Boeing

SE VOCÊ É UM ADULTO NASCIDO na América do Norte, existem cerca de 80% de chances de você ter um ou mais irmãos. Considerando as questões de dinâmica familiar, poucas recebem tanta atenção quanto a ordem de nascimento. Os primogênitos são percebidos como sérios, conservadores e conscienciosos, enquanto os caçulas têm uma atitude mais relaxada e aventureira. E todo mundo sabe que o filho caçula consegue sempre se safar. A ordem de nascimento, claramente, é importante nas famílias.

Em seu livro de 1996, *Born to Rebel*, Frank Sulloway ampliou a dinâmica da ordem do nascimento em uma nova teoria revolucionária, argumentando que a ordem de nascimento desempenha um papel importante na construção da personalidade. Ele propõe que as crianças de uma família busquem estratégias alternativas para se distinguirem entre si, dependendo da ordem em que nascem. Os primogênitos, em geral, são ambiciosos, conservadores e convencionais, enquanto os mais novos são aventureiros, agradáveis e abertos às novidades (ou seja, nascidos para a rebeldia).[1] Sua pesquisa sugere que as pessoas que nascem depois muitas vezes geram e aceitam novas ideias, enquanto os mais velhos promovem e defendem o *status quo*. Ele argumenta que as revoluções políticas e científicas tendem a ser lideradas pelos filhos mais moços e que os filhos mais velhos, em geral, procuram rejeitar novas ideias. Confesso que sou o filho caçula.

Cientistas e críticos de renome aprovaram o trabalho de Sulloway, e o livro vendeu bem. Logo em seguida, no entanto, aconteceu uma reviravolta. Depois de revisar os métodos e conclusões de Sulloway, um grupo questionou a validade científica do trabalho.[2] Na verdade, uma das fontes de Sulloway afirmou que ele não "conseguia reconstruir nem compreender" a análise de Sulloway.[3] Dalton Conley, sociólogo da New York University e especialista em dinâmica familiar, censurou: "Não acho que a metodologia [de Sulloway] se sustente. Ele fez algo que não devemos fazer nas ciências sociais, que é escolher seletivamente evidências que comprovem seus argumentos."[4] Sulloway permanece firme em suas convicções alegando que seus detratores não entenderam sua teoria. Ao contemplar os dois lados desse debate, acredito que a análise e as conclusões de Sulloway deixam a desejar.

"Mas espere aí", você provavelmente está pensando, "sei por experiência própria que a ordem de nascimento é importante. Meu irmão mais velho mandão e/ou meu irritante irmão mais novo não são obra de minha imaginação!" E você tem razão. Realmente existem efeitos da ordem do nascimento nas famílias, e eles de fato cristalizam comportamentos. As crianças mais velhas alternam atitudes de dominação e proteção em relação a seus irmãos mais novos, agindo como representantes dos pais. Os filhos mais moços recebem relativamente mais atenção e afeto dos pais.

Então, como podemos aceitar que os efeitos da ordem de nascimento são reais e duvidar ao mesmo tempo das proposições de Sulloway? A resposta está em considerar o contexto.

Embora as crianças assumam papéis conforme a ordem de nascimento em suas famílias, esses papéis não se prolongam para fora da família. Por exemplo, o filho mais velho que é dominador em casa talvez não demonstre esse comportamento no pátio da escola. Quando os pais ou irmãos concluem testes de autoavaliação ou avaliam um membro da família, os efeitos da ordem de nascimento aparecem claramente. Quando pessoas de fora da família, como professores ou pesquisadores, observam comportamentos, os efeitos da ordem de nascimento desaparecem. As crianças – na verdade, pessoas de todas as idades – não se comportam da mesma maneira em todas as situações. Elas ajustam seu comportamento para refletir as circunstâncias sociais.

Apenas alguns meses depois que nosso filho caçula entrou na pré-escola minha esposa e eu recebemos uma chamada perturbadora dos professores. Eles estavam preocupados com o desenvolvimento verbal de nosso filho, porque ele mal falava na escola. A boa notícia é que ele acompanhava bem as lições e atividades propostas; a notícia ruim é que ele não abria a boca.

Minha esposa e eu ficamos menos preocupados do que surpresos. Ele é nosso quinto filho, e desde o princípio foi o mais falante da tropa – sem dúvida, em parte como reflexo de sua personalidade e em parte como forma de lidar com quatro irmãos mais velhos. Em casa, ele não era nada quieto, mas assim que entrava na sala de aula ele desligava o "interruptor" da fala. Felizmente, uma das professoras que já o vira em casa garantiu aos demais que realmente o menino sabia falar, e falar bem.

Sulloway se perdeu quando afirmou que os comportamentos em casa determinam o comportamento em outros ambientes. Os fatos simplesmente não comprovam essa afirmação. Mais especificamente, os estudos demonstram consistentemente que a ordem de nascimento tem pouco ou nenhum efeito na personalidade. Cécile Ernst e Jules Angst, psicólogos suíços, realizaram o mais abrangente estudo sobre ordem de nascimento e personalidade e concluíram que a ordem de nascimento e o tamanho da família não têm um forte impacto na personalidade. Em um trabalho mais recente, "Rebel Without a Cause or Effect: Birth Order and Social Attitudes", um trio de sociólogos encontrou pouca ou nenhuma fundamentação científica para as alegações de Sulloway.[5]

A lição aprendida com esse debate é um exemplo do tema do capítulo: a importância de entender o contexto. Com frequência, as pessoas tentam depreender lições ou experiências de uma situação e aplicá-las em situações diferentes. No entanto, essa estratégia muitas vezes gera problemas porque as decisões que funcionam em um contexto são terrivelmente inadequadas em outros. A resposta certa para a maioria das perguntas com as quais os profissionais se deparam é: "Depende."

A teoria da construção de teorias

Estejam ou não cientes disso, as pessoas baseiam suas escolhas em teorias – uma crença de que determinada ação levará a um resultado satisfatório. Muitos profissionais são cautelosos com a palavra *teoria* porque a associam com algo que não é prático. No entanto, se definirmos teoria como uma explicação de causa e efeito, ela é eminentemente prática. Uma teoria sólida ajuda a prever como determinadas decisões levam a resultados em uma ampla gama de circunstâncias.

Paul Carlile e Clayton Christensen, ambos professores de administração, descrevem o processo de desenvolvimento de uma teoria em três estágios:[6]

- O primeiro estágio é o da observação, que inclui medir cuidadosamente um fenômeno e documentar os resultados. A meta é definir padrões comuns para que outros pesquisadores possam concordar com o assunto e com os termos para descrevê-los.

- O segundo estágio é o da classificação, em que os pesquisadores simplificam e organizam o mundo em categorias para esclarecer as diferenças entre os fenômenos. Logo no início do desenvolvimento de uma teoria, essas categorias se baseiam principalmente em atributos.

- O estágio final é o da definição ou da descrição das relações entre as categorias e os resultados. Muitas vezes, essas relações começam como correlações simples.

As teorias melhoram quando os pesquisadores testam as previsões em relação a dados do mundo real, identificam anomalias e, subsequentemente, redefinem a teoria. Dois avanços cruciais ocorrem durante esse processo de refinamento. No estágio de classificação, os pesquisadores desenvolvem as categorias para refletir as circunstâncias, e não apenas os atributos. Em outras palavras, as categorias vão além do que funciona para incorporar quando funciona. No estágio de definição, a teoria avança além das correlações simples e se aprimora para definir as causas – por que funciona. Esse par de melhorias permite que as pessoas ultrapassem o campo dos atributos não refinados e adaptem suas escolhas à situação em que se encontram.

Carlile e Christensen apresentam como exemplo a história do voo tripulado. No começo, os aviadores esperançosos estudaram os animais que podiam voar e observaram que quase todos tinham asas e penas (estágios de observação e classificação). Havia algumas exceções, como avestruzes e morcegos, mas a correlação entre asas com penas e voo era extremamente alta (estágio de definição). Assim, os primeiros aviadores modelaram asas, colaram penas, subiram montanhas, saltaram, bateram as asas e caíram. A queda foi uma anomalia que forçou os desenvolvedores da teoria a voltarem para suas mesas de trabalho.

No século XVIII, o estudo de Daniel Bernoulli sobre dinâmica dos fluidos levou ao desenvolvimento do aerofólio, um corpo de forma apropriada que cria uma elevação por gerar menos pressão atmosférica sobre a parte superior da asa em relação à pressão na parte inferior. Em vez de se correlacionar com o voo, o Princípio de Bernoulli mostra o que causa o voo (estágios aprimorados de classificação e definição). O aerofólio levou a um novo enfoque sobre voar. Quando os irmãos Wright combinaram essa nova teoria com materiais físicos e com as capacidades de estabilidade, navegação e propulsão, nasceu a era da aviação.

Muitas teorias de administração atuais parecem muito mais penas coladas a asas do que aerofólios. Consultores, pesquisadores e profissionais atuantes muitas vezes observam alguns casos de sucesso, procuram características comuns entre eles e proclamam que esses atributos podem fazer com que outras pessoas obtenham o mesmo sucesso. Isso simplesmente não funciona. Você tem de desconfiar sempre que se deparar com "chaves para o sucesso" ou "fórmulas para vencer".

O pesadelo da Boeing: terceirizando o Dreamliner

Nas últimas décadas, muitas empresas e consultores empresariais pregaram as virtudes da terceirização – a prática de contratar uma empresa de fora para realizar um serviço que antes era feito internamente. A terceirização permite que a empresa reduza seus custos e intensidade de capital, que são metas desejáveis em um mundo competitivo. Várias organizações que se valeram da terceirização, incluindo a Apple e a Dell, alcançaram incrível sucesso econômico e financeiro. A correlação entre terceirização e resultados positivos parecia clara.

A Boeing, a maior fabricante mundial de aeronaves, sempre utilizou fornecedores externos. Tradicionalmente, os engenheiros entregavam as plantas detalhadas para os fornecedores, um sistema que chamavam de "*build-to-print*", ou construção conforme a especificação. Esse processo permitiu que a Boeing controlasse importantes funções de projeto e engenharia mantendo os custos gerais baixos. Entretanto, no caso de seu mais novo avião, o 787 Dreamliner, a Boeing optou por encomendar dos fornecedores o projeto e a construção das partes da aeronave, deixando apenas a montagem final nas mãos de seus próprios mecânicos. A empresa esperava com isso cortar dois anos de seu histórico tempo de entrada no mercado e imaginava montar o 787 em apenas três dias, um décimo do prazo normal para um avião desse porte.

O programa foi um desastre. Apesar de ser um sucesso de vendas com quase novecentos pedidos, o avião teve seu lançamento adiado repetidas vezes enquanto o programa chegava a mais de um ano de atraso. O problema era que os fornecedores não conseguiam entregar partes plenamente funcionais do avião para a montagem final da Boeing. Embora a empresa tenha projetado o sistema de produção para integrar 1.200 componentes, o primeiro avião chegou a 30 mil peças, custando à empresa tempo e dinheiro substanciais, na medida em que ela teve de assumir novamente o trabalho do projeto internamente.[7]

Os problemas da Boeing com o 787 são sintomas do primeiro erro de decisão: abraçar uma estratégia sem compreender inteiramente as condições em que ela é bem ou malsucedida. A terceirização não é algo que funciona bem para todos. Por exemplo, não faz sentido terceirizar produtos que requeiram a integração complexa de subcomponentes díspares. O motivo é que os custos da coordenação são altos, por isso, fazer o produto funcionar, por si só, é um desafio. Pense na IBM nos primeiros dias da indústria do computador pessoal. A empresa fabricava praticamente todos os componentes para garantir compatibilidade. Nesse estágio, negócios verticalmente integrados têm melhor desempenho.

A terceirização faz sentido nos setores em que os subcomponentes são módulos. Nesses casos, o desempenho dos subcomponentes é bem-definido e a montagem final é direta. Hoje em dia podemos montar um computador pessoal por conta própria com módulos padronizados. Quando a indústria define os módulos, faz mais sentido para os fornecedores se especializarem em um componente em vez de tentarem fabricar todos eles. Empresas montadoras, como a Dell, podem, então, se concentrar nas fases de projeto, marketing e distribuição.

Antes do 787, a Boeing controlava os processos de projeto e engenharia de suas aeronaves, garantindo compatibilidade dos componentes e montagem final tranquila. Passando projeto e engenharia para as mãos de fornecedores, o programa do 787 da Boeing tornou-se um estudo de caso sobre em que momento deve-se evitar a terceirização. A Boeing foi atraída para essa opção como um diferencial, sem reconhecer inteiramente as circunstâncias em que o processo funcionaria.[8]

O que faria o coronel Blotto? Um jogo de estratégia

Às vezes, resolvo as brigas domésticas entre meus filhos – do tipo quem vai primeiro, quem senta onde – fazendo-os jogar o jogo do coronel Blotto. Usamos uma versão simplificada. Cada jogador recebe cem soldados (recursos) que serão distribuídos em três campos de batalha (dimensões). Os jogadores anotam as respectivas alocações dos campos de batalha e depois comparamos os resultados. O jogador que tiver mais soldados por campo de batalha vence aquela batalha, e o jogador com o maior número total de vitórias vence o jogo. A Tabela 6-1 apresenta um exemplo de um jogo real de minha família. Apesar de haver algumas poucas estratégias realmente ruins nesta versão do jogo (como 100, 0, 0), os resultados, na maioria dos casos, são aleatórios – muito semelhante ao jogo pedra, papel e tesoura.[9] O jogo do coronel Blotto pode ser aplicado por estrategistas militares, políticos, profissionais de marketing e técnicos de equipes esportivas.[10]

TABELA 6-1

Resultado do jogo do coronel Blotto

	Campo de batalha 1	Campo de batalha 2	Campo de batalha 3
Andrew	5	65	30
Alex	48	2	50
Vencedor	Alex	Andrew	Alex

Esse jogo é útil porque a variação dos dois principais parâmetros, ou seja, atribuir mais recursos a um jogador ou mudar o número de campos de batalha, permite identificar os prováveis vencedores de encontros competitivos. Mostra também quando os azarões têm as maiores chances de vencer, porque às vezes não existe um time "melhor", e como mudanças nos parâmetros influenciam os resultados. Simplesmente, o jogo oferece perspectivas sobre o segundo erro de decisão deste capítulo: não pensar adequadamente em circunstâncias competitivas. No jogo do coronel Blotto, podemos pensar nos recursos como atributos e nas dimensões como circunstâncias. O jogo oferece perspectivas sobre como avaliar os resultados em combinações de atributos e circunstâncias.

Vamos analisar melhor o que acontece quando alteramos os parâmetros. Primeiro, podemos aumentar a assimetria dando a um jogador mais pontos do que a outro, tornando um lado efetivamente favorito para ganhar. Não causa surpresa o fato de que o jogador mais forte vença com mais frequência. O que não é intuitivo é quanta vantagem os pontos adicionais conferem. Em um jogo com três campos de batalha, um jogador com 25% mais recursos tem uma recompensa esperada de 60% (a proporção de batalhas que o jogador vence), e um jogador com o dobro de recursos tem uma recompensa esperada de 78%. Assim, existe alguma aleatoriedade, mesmo em competições com recursos razoavelmente assimétricos, mas o lado mais rico em recursos tem uma vantagem decisiva. Além disso, com dimensões pequenas, o jogo é altamente transitivo: se A pode vencer B e B pode vencer C, então A pode vencer C. Isso nos ajuda a entender jogos com dimensões reduzidas, como o tênis.

Entretanto, para entender o quadro geral das recompensas, precisamos introduzir o segundo parâmetro: o número de dimensões ou de campos de batalha. Quanto mais dimensões o jogo tiver, menos certo será o resultado (a menos que os jogadores possuam recursos idênticos). Por exemplo, a recompensa esperada de um jogador fraco é quase três vezes maior em um jogo com 15 dimensões do que em um jogo com nove dimensões.[11] Por esse motivo, o resultado é mais difícil de ser previsto em um jogo com dimensões maiores do que menores, e existem mais vitórias imprevisíveis e inesperadas. O beisebol é um bom exemplo de um jogo com um grande número de dimensões.

Embora um time melhor tenha vantagem sobre os demais, os resultados incluem grande dose de aleatoriedade. Ano após ano, vencer 60% dos 162 jogos da temporada praticamente garante uma vaga nas finais pós-temporada.[12] A forma de tomar decisões e de avaliar os resultados é radicalmente diferente em jogos que possuem um número alto de dimensões em comparação com os de menor número.

O jogo do coronel Blotto também é altamente não transitivo em praticamente todas as situações muito assimétricas e com poucas dimensões.[13] Por esse motivo, os torneios, em geral, não conseguem revelar qual o melhor time. Scott Page, cientista social da University of Michigan, ilustra esse ponto com um exemplo simples (Tabela 6-2). Nesse caso, o jogador A vence o B, o B vence o C, o C vence o A e os três jogadores vencem o D. Assim, se esses jogadores estiverem em um campeonato, aquele que cair com o D na primeira rodada vencerá todas. Não existe um jogador melhor do que os outros; é mais preciso descrever o campeão como "o jogador que conseguiu jogar primeiro contra o D". Não tão interessante, mas preciso.[14]

A Figura 6-1 resume algumas das perspectivas obtidas com o estudo do jogo do coronel Blotto. O jogador mais forte vencerá a maioria das batalhas contra o jogador mais fraco se o número de dimensões for baixo. Com jogadores com um nível mais equilibrado, o número de estratégias não ideais aumenta à medida que aumentam as dimensões, porque os jogadores arriscam acumular recursos em poucos campos, deixando, assim, um grande número de campos de batalha sem recursos. No entanto, aumentar o número de dimensões também dilui a força relativa do jogador com altos recursos. Como os estrategistas militares já sabem há anos, aumentar o número de campos, muitas vezes, ajuda o azarão. O beisebol tem muito mais vitórias inesperadas do que o tênis por esse motivo. O que talvez seja a lição mais importante do jogo do coronel Blotto é que é preciso ser cauteloso na hora de avaliar decisões e resultados. Por causa da não transitividade e da aleatoriedade, o atributo dos recursos nem sempre prevalece sobre a circunstância da dimensionalidade. Em um jogo complexo, não necessariamente vence o melhor.

TABELA 6-2

Não transitividade no jogo do coronel Blotto

	Campo de batalha 1	Campo de batalha 2	Campo de batalha 3
Jogador A	40	20	40
Jogador B	35	40	25
Jogador C	20	35	45
Jogador D	33	33	34

Fonte: Scott E. Page. *The Difference* (Princeton, NJ: Princeton University Press, 2007). Reimpresso com autorização do editor.

FIGURA 6-1

Jogos com várias dimensões aumentam a incerteza dos resultados

Assimetria de recursos		Resultados determinantes	Resultados quase determinantes
	Alta	Resultados determinantes – Melhor jogador em geral ganha – Altamente transitivo	Resultados quase determinantes – Melhor jogador menos dominante – Não transitivo
	Baixa	Resultados aleatórios – Poucas estratégias não ideais – Não transitivo	Resultados aleatórios – Mais estratégias não ideais – Não transitivo
		Baixa	Alta

Dimensionalidade

Correlação e causalidade – *não!*

Videntes do mercado de ações estão sempre procurando maneiras confiáveis de prever a direção do mercado. Um favorito é o Indicador do Super Bowl, que invariavelmente ganha destaque depois do jogo final do campeonato de futebol americano. O indicador é simples: a bolsa sobe quando a equipe da National Football Conference ganha e cai quando a equipe da American Football Conference ganha. O vencedor do Super Bowl vem prevendo corretamente a direção do mercado de ações praticamente 80% das vezes de 1967 a 2008. Outro é a análise de David Leinweber, que mostra uma correlação de 75% entre a produção de manteiga em Bangladesh e o nível do Índice de Ações da Standard & Poor's 500 (1981-1993). Leinweber investigou uma ampla gama de séries de dados internacionais e ficou satisfeito em descobrir que "um simples laticínio" explicasse tanto.[15]

Leinweber usou um exemplo bobo para demonstrar um ponto sério: não conseguir distinguir entre a correlação e a causalidade. Esse problema surge quando os pesquisadores observam a correlação entre duas variáveis e pressupõem que uma *causou* a outra. Quando percebemos esse erro, passamos a vê-lo e a ouvi-lo em toda parte, especialmente na mídia. Os vegetarianos têm QI mais alto. Lâmpadas noturnas causam miopia. Crianças que assistem demais à televisão tendem a ser obesas.

Diversos acadêmicos de disciplinas variadas estudaram causação, e a maioria concorda que três condições devem ser verdadeiras para que possamos afirmar que X causa Y.[16] A primeira é que X deve ocorrer antes de Y. A segunda é uma relação funcional entre X e Y, incluindo o requisito de que causa e efeito assumem dois ou mais valores. Por exemplo, a afirmativa "Fumar causa câncer de pulmão" nos diz que fumar aumenta as chances de câncer de pulmão *versus* não fumar. Por isso, um cientista deve considerar todas as relações entre as variáveis: a pessoa fuma (sim ou não) e a pessoa sofre de câncer (sim ou não). Aqui também devemos considerar se a relação é meramente coincidência.

A condição final é que para que X cause Y não pode haver um fator Z que cause X e Y. Por exemplo, assistir demais à televisão pode se correlacionar com a obesidade. Mas a condição socioeconômica pode explicar *tanto* o hábito de assistir à TV *quanto* o problema de peso.[17]

Você deve ficar bastante alerta para o erro correlação-causalidade. O fato de que gostamos de fazer conexões explícitas de causa e efeito só aumenta o desafio. Quando você ouve uma conexão causal, repasse cuidadosamente as três condições para ver se essa alegação se sustenta. Provavelmente, você ficará surpreso em descobrir como é raro conseguir estabelecer a causação.

Eu fiz do meu jeito (e morri)

Os cientistas que estudam os habitantes nórdicos da Groenlândia encontraram um crânio de um homem de 25 anos de idade no chão de uma casa grande na região do Assentamento Oriental. Técnicas de radiocarbono dataram o crânio de cerca de 1.300, cerca de 400 anos depois que os nórdicos chegaram ao litoral da Groenlândia. Como era costume enterrar os mortos, a posição do corpo do homem sugere que ele foi um dos últimos habitantes nórdicos na área. Depois de quatro séculos de uma existência desafiadora, a sociedade nórdica na Groenlândia sucumbiu. Imaginamos como a sociedade conseguiu sobreviver tanto tempo.

O erro de decisão final deste capítulo – a inflexibilidade diante da evidência de que a mudança é necessária – ajuda a explicar a ruína dos nórdicos. O livro de Jared Diamond, *Colapso*, conta a fascinante história das adversidades vividas pelo grupo e seu fracasso final. Deixando de lado muitos detalhes, podemos afirmar que os nórdicos eram inflexíveis em dois aspectos importantes.[18]

Em primeiro lugar, os nórdicos buscaram perpetuar sua forma de vida da Noruega e da Islândia. À medida que eles aplicavam obstinadamente o que tinha funcionado em sua terra natal a sua terra adotiva, rapidamente destruíram os poucos recursos ambientais que a Groenlândia tinha a oferecer. Eles cortaram árvores demais (limitando o combustível e os materiais de construção), acabaram com a grama para construir casas (deixando o gado com menos alimento e provocando erosão) e permitiram o excesso de pastagem (danificando a flora da região). Em retrospecto, essas ações destrutivas não fazem sentido, mas eram consistentes com a autoimagem e a experiência dos nórdicos.

Em segundo lugar, os nórdicos não pareciam aprender com os nativos Inuit. Provavelmente refletindo suas atitudes de europeus cristãos, eles debochavam dos Inuit e tinham uma relação extremamente hostil com eles. Os Inuit desenvolveram meios inteligentes de encontrar alimento no difícil território da Groenlândia, que os nórdicos não adotaram. Como observa Diamond: "Os nórdicos morriam de fome na presença de abundantes recursos alimentares inutilizados." Não conseguiram pescar, caçar baleias e focas, como faziam os Inuit. Os valores que ajudaram a sociedade em um ambiente diferente agora levavam a uma inflexibilidade praticamente inexplicável. Essa inflexibilidade causou a morte do último homem, como havia acontecido com os outros antes dele.

Embora a história dos nórdicos na Groenlândia possa parecer uma curiosidade histórica, organizações profissionais contemporâneas continuam a cometer os mesmos erros. Elas perpetuam práticas do passado mesmo diante das mudanças do mundo e se recusam a adotar melhores práticas de outras organizações (em geral chamada de "síndrome do não inventado aqui"). Mudar o processo decisório conforme ditam as circunstâncias é um desafio fundamental e pode ter um alto preço psicológico.

Eis algumas ideias sobre como garantir que você está considerando corretamente as circunstâncias na hora de tomar decisões:

1. *Pergunte se a teoria por trás de seu processo decisório representa as circunstâncias.* As pessoas tentam, com frequência, extrapolar escolhas de sucesso a partir de experiências anteriores para novas situações, com resultados previsivelmente ruins. Pesquisas problemáticas que se valem de atributos comuns das organizações com bom desempenho e que oferecem esses atributos como uma prescrição geral para vencer também são populares. Nenhum desses erros considera adequadamente as decisões em contexto.

    Um exemplo positivo é um exercício que Thomas Thurston, um ex-funcionário da Intel, completou em 2006. Adepto da teoria da inovação perturbadora, que se baseia nas circunstâncias, Thurston revisou quase cinquenta planos de negócios que o grupo de novas iniciativas de negócios da Intel tinha fundado. Aplicando a teoria que especifica quando as inovações são bem-sucedidas, ele conseguiu prever, sem conhecimento dos resultados, 85% dos sucessos e fracassos, o que é estatisticamente significativo.[19] Além disso, ele conseguiu identificar os erros cometidos por algumas das empresas que fracassaram. Thurston, então, se juntou a Clayton Christensen para ensinar a teoria a alunos de administração de empresas. Sua primeira tentativa de definir os vencedores e perdedores foi praticamente aleatória, mas no final do semestre os alunos chegaram a uma precisão de 80%. O progresso mostra tanto o valor da teoria quanto que os alunos podem aprender as lições e melhorar o desempenho.

2. *Cuidado com a armadilha da correlação e causalidade.* As pessoas têm um desejo inato de ligar causa e efeito e não estão longe de inventar uma causa para efeitos que verificam. Isso cria o risco de observar uma correlação – em geral resultado da sorte – e supor que se trata de causação. Quando ouvir falar de correlação, certifique-se de considerar as três condições: precedência de tempo, relação e que nenhum fator adicional seja responsável pela correlação das outras duas.

3. *Equilibre regras simples com condições variáveis.* A evolução fornece um argumento poderoso para o pensamento baseado em circunstâncias. Na evolução, a capacidade de um indivíduo sobreviver e se reproduzir não reflete simplesmente atributos específicos como tamanho, cor ou força. Em vez disso, as características herdadas que levam à sobrevivência e à reprodução são inerentemente circunstanciais. Um enfoque do processo decisório – especialmente para ambientes em rápida mudança – equilibra uma série de regras simples, mas definidas com as condições prevalecentes. Por exemplo, as regras de prioridade ajudam os gerentes a classificar as oportunidades identificadas por eles, e regras de saída dizem

quando eles devem sair do negócio. As regras garantem que os gerentes defendam certos ideais essenciais, reconhecendo ao mesmo tempo condições variáveis. Isso permite a existência de flexibilidade para decidir corretamente.[20]

4. *Lembre-se: não existe "melhor" prática em domínios com múltiplas dimensões.* Embora muitos, especialmente os ocidentais, gostem de determinar qual organização é a melhor, coroar o vencedor em um reino com várias dimensões não faz sentido. Uma das principais lições aprendidas com o jogo do coronel Blotto é que na maioria dos casos as estratégias vencedoras são não transitivas: todos os jogadores têm pontos fortes e fracos, de forma que não é possível haver um jogador individual mais forte. Além disso, o jogo mostra que um azarão que adotar a estratégia certa pode acabar com o favorito.

Um bom exemplo é o Super Bowl de 2002, em que o New England Patriots jogou contra o St. Louis Rams. Os Rams tinham vencido os Patriots quando as equipes se enfrentaram durante a temporada regular e eram os favoritos declarados para conquistar o campeonato. Mas os Patriots mudaram radicalmente sua estratégia para o Super Bowl. Em vez de se basear no *quarterback*, Kurt Warner, como ocorrera no jogo anterior, os Patriots se concentraram em parar o *running back*, Marshall Faulk. Eles perceberam que os Rams contavam com *timing* e ritmo em sua ofensiva e que era Faulk, não Warner, o principal elemento.

A estratégia funcionou muito bem, levando a uma improvável vitória dos Patriots e fazendo com que Ron Jaworski, um dos mais respeitados comentaristas de futebol americano, declarasse que se tratava do "melhor trabalho de treinador que ele já vira". É claro que, ao alocar grande parte dos recursos para a batalha, os Patriots ficaram abertos para perder outras batalhas. A estratégia pedia que os Patriots usassem cinco ou mais *backs* defensivos na maior parte do tempo. Como os *backs* são mais baixos do que os outros jogadores defensivos, os Patriots abriram o flanco. No entanto, o técnico do Rams optou por não fazer a bola correr, determinado a "vencer de seu jeito", frustrando seus jogadores que imploravam uma mudança.[21] Ah, e a bolsa caiu em 2002 – os Patriots são um time da American Football Conference –, acrescentando outro dado favorável ao Indicador do Super Bowl.

A maioria das pessoas espera aproveitar suas experiências favoráveis aplicando o mesmo enfoque à próxima situação com a qual se deparam. Além disso, somos ávidos por encontrar fórmulas de sucesso – etapas fundamentais para nosso enriquecimento. Às vezes, nossa experiência e crendices funcionam, mas na maioria dos casos não dão certo. O motivo geralmente acaba sendo a simples realidade de que as teorias que orientam nossas decisões se baseiam em atributos, não em circunstâncias. Teorias baseadas em atributos são muito naturais para nós e em geral parecem atraentes, como vimos na discussão sobre a ordem de nascimento. Entretanto, assim que percebemos que a resposta para a maioria das perguntas é "Depende", estamos prontos para embarcar na busca para responder a próxima pergunta: "Depende de quê?"

CAPÍTULO 7

Grand Ah-Whooms

Como dez britânicos fizeram a
Ponte do Milênio balançar

EM UM DIA ENSOLARADO DO ANO 2000, a rainha da Inglaterra inaugurou a Ponte do Milênio ao som de fanfarras. É a primeira ponte nova de Londres sobre o rio Tâmisa desde 1894, ela liga a City e a catedral de St. Paul, ao norte, com a Galeria Tate e o Globe Theatre, ao sul. Selecionado dentre duzentos projetos inscritos em um concurso global, o projeto vencedor era inovador e contemporâneo, e levava arte, arquitetura e engenharia ao extremo. O arquiteto da ponte, Norman Foster, imaginou pedestres apreciando a emoção de "andar sobre a água em uma lâmina de luz".[1]

Foster colaborou no projeto com Arup, uma empresa de engenharia, e Anthony Caro, um escultor. Eles procuraram construir uma ponte excepcionalmente iluminada e elegante, com 325 metros de comprimento e inclinação mínima dos cabos. Depois de gastar cerca de 20 milhões de libras, a equipe parecia ter consolidado um belo projeto estético com rigorosos requisitos de engenharia. A estrutura atendia a todos os padrões internacionais para a construção de pontes, e a Arup realizou corretamente todos os cálculos de construção.

Cem mil pessoas compareceram à inauguração, em 10 de junho, número muito maior do que o esperado pelas autoridades. O primeiro sinal de problema apareceu antes da inauguração oficial naquela manhã, quando um pequeno número de pessoas estava na ponte. Um dos engenheiros da Arup percebeu algum movimento, mas a ponte se estabilizou quando as pessoas saíram. A abertura oficial ocorreu ao meio-dia, e havia multidões nas duas extremidades da ponte. Ela logo começou a balançar, chegando a uma oscilação de até sete centímetros de um lado a outro, fazendo com que os pedestres ajustassem suas posturas e sincronizassem seus passos. O vídeo da cena lembra um bando de pinguins avançando lentamente.

Naturalmente, os construtores da ponte estavam bem a par das forças da multidão; você talvez tenha ouvido falar que os soldados interrompem sua marcha quando cruzam uma ponte. Enquanto o movimento vertical é uma preocupação típica da engenharia, o problema da Ponte do Milênio era a deslocamento lateral. Uma pessoa que atravessou a ponte descreveu a incomum sensação da instabilidade como sendo parecida com "estar em um barco". Embora estruturalmente segura, a ponte foi fechada para manutenção dois dias após a alardeada inauguração, causando embaraço para toda a equipe do projeto e para a cidade de Londres.[2]

Durante o conserto da ponte, os operários ergueram portões e afixaram cartazes onde se lia: "Ponte fechada." Ao lado do cartaz no lado norte um transeunte rabiscou: "Por quê?"[3]

Quando o feedback positivo assume o controle

O feedback pode ser positivo ou negativo, e em muitos sistemas vemos um equilíbrio saudável entre os dois. O feedback negativo é um fator estabilizador, enquanto o positivo promove a mudança. No entanto, o excesso de um ou do outro pode desequilibrar um sistema.

A ilustração clássica do feedback negativo nos mercados é a arbitragem. Por exemplo, se o preço do ouro em Londres fecha um pouco acima do preço de Nova York, os árbitros comprarão ouro de Nova York e venderão o ouro de Londres até eliminarem a defasagem de preço aberrante entre eles. Um exemplo mais mundano é seu termostato, que detecta desvios na temperatura definida e envia instruções para fazer com que sua temperatura volte para o nível desejado. O feedback negativo resiste à mudança, levando à direção oposta.

O feedback positivo reforça uma mudança inicial na mesma direção. Imagine um cardume de peixes ou um bando de pássaros fugindo de um predador. Eles avançam em uníssono para evitar a ameaça. Também vemos em ação o feedback positivo nos modismos e na moda, onde as pessoas imitam umas às outras. O feedback positivo pode explicar ondas como Pet Rocks, Macarena e Pokémon.

O foco deste capítulo são transições de fase, em que pequenas mudanças incrementais nas causas levam a efeitos de grande escala. Philip Ball, físico e escritor, chama o fenômeno de grand ah-whoom.[4] Coloque uma bandeja de água em seu freezer e a temperatura cairá até o limiar do congelamento. A água permanecerá em estado líquido até que – ah-whoom – se transforme em gelo. Uma pequena mudança incremental na temperatura leva a uma mudança do estado líquido para o sólido.

O grand ah-whoom ocorre em muitos sistemas complexos em que o comportamento coletivo emerge da interação de suas partes constituintes. Existem muitos sistemas assim no mundo físico, incluindo as moléculas da água e os átomos de ferro. Mas as ideias também se aplicam ao mundo social, embora as leis não sejam definidas tão claramente quanto na física. Os exemplos incluem desde o comportamento das bolsas de valores à popularidade de canções da parada de sucessos.

Mais especificamente, em todos esses sistemas, causa e efeito são proporcionais na maior parte do tempo. No entanto, também possuem pontos críticos, ou limiares, em que ocorrem as transições de fase. Podemos pensar que esses pontos ocorrem quando uma forma de feedback supera a outra. Quando não percebemos a sua chegada, o grand ah-whoom nos surpreende.[5]

Vamos usar a ideia da transição de fases para responder a pergunta que foi rabiscada no cartaz da Ponte do Milênio. Quando andamos, nossa massa exerce uma pequena quantidade de força lateral. Essas forças individuais normalmente se anulam quando um grupo cruza uma ponte rígida, um exemplo de feedback negativo. No entanto, a Ponte do Milênio, inicialmente, tinha um número insuficiente de amortecedores laterais, gerando uma pequena oscilação quando um número determinado de pessoas estava na ponte. Essa oscilação forçava as pessoas a mudar seu modo de andar, alargando seus passos. Os passos mais largos levam a maior força lateral e a mais oscilação. O feedback positivo fez a ponte balançar e ao mesmo tempo sincronizou o comportamento da multidão.[6]

A perspectiva vital é a existência de um ponto crítico. Em dezembro de 2000, os engenheiros da Arup recrutaram voluntários para atravessarem a ponte a fim de determinar o nível em que ocorreria uma oscilação insegura. O teste demonstrou que 156 pessoas poderiam atravessar a ponte com pouco impacto (Figura 7-1). Porém, acrescentar dez pedestres causou uma mudança drástica da amplitude da oscilação, com o uso de feedback positivo (veja o eixo da direita da Figura 7-1). Para as primeiras 156 pessoas que atravessaram a ponte, houve pouca inclinação e nenhum senso de perigo potencial, embora a ponte estivesse à beira de uma transição de fase.

Isso mostra por que os pontos críticos são tão importantes para o pensamento contrafatual: considerar o que poderia ter acontecido.[7] Para cada transição de fase, quantos desastres foram evitados? Podemos imaginar o teste com a ponte com 50, 100 ou mesmo 150 pessoas. O trepidar perigoso aguarda sem ser percebido. O resultado em grande escala é fruto do próprio sistema – as pessoas caminhando –, e não de um choque externo. Mas o risco é real. Chamo isso de vulnerabilidade invisível.

FIGURA 7-1

O início da oscilação da Ponte do Milênio foi repentino

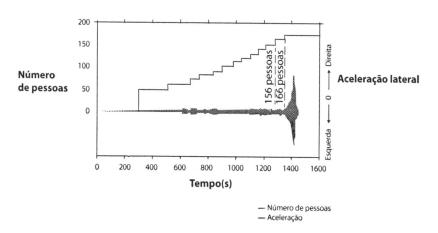

Fonte: http://www.arup.com/MillenniumBridge/.

Pontos críticos, extremos e surpresas

Em muitos fenômenos, incluindo a estatura dos seres humanos e as marcas atléticas, os resultados não variam muito em relação ao valor médio. Consideremos a estatura como exemplo. O humano mais alto já registrado chegou a 2,72m (8'11"), enquanto o mais baixo tinha 57cm (1'10"), uma diferença aproximada de cinco para um. Existe uma variação de no máximo 15 centímetros (6 polegadas) para cima ou para baixo em cerca de 95% das pessoas em relação à altura média.

Mas existem sistemas com distribuições altamente tendenciosas, em que a ideia de média tem pouco ou nenhum significado. Essas distribuições são mais bem-descritas por uma lei de potência, que implica que alguns dos resultados sejam realmente grandes (ou têm um grande impacto) e a maioria das observações, pequena. Vamos considerar o tamanho das cidades. A cidade de Nova York, com cerca de 8 milhões de habitantes, é a maior dos Estados Unidos. A menor tem cerca de cinquenta pessoas. Assim, a razão entre a maior cidade e a menor é mais do que 150 mil para 1. Outros fenômenos sociais, como vendas de livros ou filmes, também têm diferenças extremas. O tamanho das cidades tem uma variação muito mais ampla do que a da estatura dos seres humanos.[8]

Nassim Taleb, escritor e ex-negociador de derivativos, chama os resultados extremos nas distribuições da lei de potência de *cisnes negros*. Ele define um cisne negro como um evento de fora que tem um impacto significativo e que os humanos procuram explicar após o fato.[9] Em grande parte devido aos esforços de Taleb, mais pessoas estão cientes dos cisnes negros e das distribuições que se desviam da curva em sino. O que a maioria das pessoas ainda não entende é o mecanismo que propaga os cisnes negros.

É aqui que entram os pontos críticos e as transições de fase. O feedback positivo leva a resultados que são externos ao sistema, e os pontos críticos ajudam a explicar nossa eterna surpresa diante de eventos de cisne negro, porque temos dificuldades em compreender como essas pequenas perturbações incrementais podem levar a resultados tão grandes. Simplesmente não percebemos sua chegada porque estão além do que nossas mentes esperam.

O que está por trás desses pontos críticos em sistemas sociais? Uma resposta surge a partir do estudo da sabedoria das massas.[10] As massas tendem a fazer previsões precisas quando três condições prevalecem: diversidade, agregação e incentivos. Diversidade envolve pessoas com ideias e visões diferentes das coisas. Agregação significa que é possível reunir as informações do grupo. Incentivos são recompensas por estar certo e penalidades por estar errado, e que muitas vezes, mas não necessariamente, são monetárias.

Por vários motivos psicológicos e sociológicos a diversidade é a condição que mais tende a falhar quando há humanos envolvidos. No entanto, o essencial é que o grupo não passe de inteligente a ignorante. Quando a diversidade é removida gradualmente, nada acontece de início. Reduções adicionais talvez também não tenham efeito. No entanto, em determinado ponto crítico, uma redução incremental faz o sistema mudar qualitativamente.

Blake LeBaron, economista da Brandeis University, demonstrou esse ponto para o mercado de capitais usando um modelo baseado em agentes. Em vez de usar investidores reais, o modelo de LeBaron criou mil investidores no computador e deu a eles dinheiro, diretrizes sobre como distribuir seus portfólios e regras de negociação diversificadas. Depois, ele os deixou livres para agir.

Esse modelo foi capaz de replicar muitas das características empíricas vistas no mundo real, inclusive ciclos de altas e baixas. No entanto, o achado mais importante talvez tenha sido o preço de determinada ação poder continuar a subir mesmo enquanto a diversidade das regras de decisão diminui. A vulnerabilidade invisível cresce. Então, ah-whoom, o preço da ação despenca à medida que a diversidade aumenta novamente. LeBaron escreve: "Durante a aceleração que leva a uma queda, a diversidade da população cai. Os agentes começam a usar estratégias de negociação muito semelhantes, pois seu bom desempenho comum é reforçado. Isso faz com que a população seja muito frágil uma vez que uma pequena redução na demanda por ações poderia ter forte impacto desestabilizador no mercado."[11]

O problema da indução, do viés da redução e das más previsões

A presença das transições de fase é propícia a alguns erros comuns de decisão. O primeiro é o problema da indução, ou de como você deve passar logicamente de observações específicas para conclusões gerais. Embora os filósofos, desde Sextus Empiricus a David Hume, tenham alertado durante séculos contra extrapolar nas observações, deixar de fazê-lo é muito difícil. Afirmando o óbvio, a indução não funciona – às vezes de forma espetacular – em sistemas com transições de fase.

Para ilustrar esse problema Taleb reconta a história de Bertrand Russell sobre um peru que é alimentado durante mil dias consecutivos. (Russell, na verdade, falava de uma galinha, e Taleb trocou o animal para um peru para adaptar a história ao contexto norte-americano.)[12] A alimentação reforça o senso de segurança e bem-estar do peru até que, na véspera do Dia de Ação de Graças, um evento inesperado ocorre. Toda a experiência e o feedback do peru é positivo até a virada do destino.

O equivalente ao drama do peru – perdas acentuadas após um período de prosperidade – ocorre repetidas vezes no mundo dos negócios. Por exemplo, a Merrill Lynch (que foi adquirida pelo

Bank of America) sofreu perdas durante mais de dois anos, de 2007 a 2008, acima de um terço dos lucros obtidos cumulativamente em seus 36 anos de operação como empresa de capital aberto.[13] Lidar com um sistema regido pela lei da potência é como ter um fazendeiro nos alimentando com um machado escondido nas costas. Se você ficar ali durante tempo suficiente, o machado vai cair. A questão não é "se", mas "quando".

A expressão *cisne negro* reflete a crítica da indução realizada pelo filósofo Karl Popper. Popper argumentava que ver muitos cisnes brancos não prova a teoria de que todos os cisnes são brancos, mas ver um cisne negro prova o contrário. Assim, a questão de Popper é que, para entender um fenômeno, é melhor nos concentrarmos na falsificação do que na verificação. Mas não somos naturalmente inclinados a falsificar as coisas.

O psicólogo Karl Duncker observou que, quando as pessoas usam algo ou pensam sobre ele de forma particular, elas têm grande dificuldade em pensar nele de forma diferente. Em um experimento clássico, Duncker deu aos sujeitos uma vela, uma caixa de tachas e uma caixa de fósforos. Ele, então, pediu a eles que colocassem a vela na parede para que não pingasse na mesa embaixo. O truque era usar a caixa de tachas como plataforma, algo que poucos participantes pensaram em fazer. Duncker argumentou que as pessoas fixam-se na função normal de um objeto e não conseguem concebê-lo de outra forma. As pessoas têm forte tendência a seguir a perspectiva estabelecida e demoram a considerar alternativas.

Bons resultados que se repetem oferecem evidências de que nossa estratégia é boa e de que tudo está ótimo. Essa ilusão nos atrai para um senso ilimitado de confiança e acaba por nos causar surpresa (em geral negativa). O fato de que as transições de fase chegam com uma mudança brusca aumenta a confusão.

Outro erro que cometemos quando lidamos com sistemas complexos é o que os psicólogos chamam de viés da redução, "uma tendência de as pessoas tratarem e interpretarem circunstâncias e tópicos complexos de forma mais simples do que realmente são, levando a uma ideia errônea".[14] Quando precisa decidir sobre um sistema que é complexo e não linear, uma pessoa, em geral, tende a pensar sobre um sistema simples e linear. Nossas mentes, naturalmente, oferecem uma resposta a uma pergunta relacionada porém mais fácil, muitas vezes com consequências desastrosas.

As finanças oferecem um grande exemplo desse viés. Enquanto pesquisas empíricas desde o início da década de 1920 mostravam que mudanças no preço dos ativos não seguem uma distribuição normal em forma de sino, a teoria econômica ainda se baseia nesse pressuposto. Se você já ouviu um especialista financeiro referir-se ao mercado de ações usando termos como alfa, beta ou desvio padrão, já presenciou o viés da redução em ação. A maioria dos economistas caracteriza os mercados usando distribuições de mudanças de preço mais simples, mas errôneas. Um número de fracassos financeiros de alto nível, incluindo o da Long-Term Capital Management, mostra os riscos desse viés.[15]

Benoit Mandelbrot, matemático francês e pai da geometria fractal, foi um dos primeiros e mais veementes críticos do uso de distribuições normais para explicar a variação dos preços dos ativos.[16] Seu capítulo em *The Random Character of Stock Market Prices,* publicado em 1964, criou celeuma porque demonstrou que as mudanças nos preços dos ativos eram muito mais extremas do que os modelos anteriores haviam suposto. Paul Cootner, economista do MIT e editor do volume, não ficou convencido da teoria de Mandelbrot. "Se [Mandelbrot] estiver certo", ele escreveu, "praticamente todas as nossas ferramentas estatísticas estarão obsoletas. Quase sem exceção, o trabalho econométrico anterior perderá o sentido."[17]

Mas Cootner não precisou se abalar, porque as ideias de Mandelbrot nunca penetraram as principais correntes econômicas. Philip Mirowski, historiador e filósofo do pensamento econômico que lecionava em Notre Dame, observa: "O simples fato histórico é que [as ideias econômicas de Mandelbrot] foram em grande parte ignoradas, com algumas poucas exceções [...] que parecem ter sido abandonadas depois por seus autores."[18]

Alguns anos atrás, fui a um jantar em Nova York no qual Mandelbrot estava presente. Cheguei tarde e vi apenas dois lugares vazios. Mandelbrot chegou logo depois e explicou que se atrasara por causa de um motorista incompetente, que ele despedira. Mandelbrot em seguida se virou para mim e perguntou: "Você se incomoda de me dar uma carona de volta para casa?"

Fiquei aflito durante o restante do jantar, imaginando o que teria a dizer a esse incrível homem, quarenta anos mais velho do que eu, durante o trajeto de uma hora até o subúrbio. Quando ele se sentou a meu lado no carro, decidi perguntar sobre a história do viés da redução em finanças. Ele estava muito grato, embora frustrado, pelo fato de que o sistema ainda não aceitara seu ponto de vista. Embora a aleatoriedade selvagem do mercado estivesse patente para todos, disse ele, os economistas continuavam presos à aleatoriedade branda, em grande parte porque ela simplificava o mundo e deixava os cálculos muito mais fáceis de administrar. Mandelbrot enfatizou que, apesar de não saber que evento extremo aconteceria no futuro, ele tinha certeza de que os modelos simples dos economistas não poderiam prevê-lo.

Bom, não demorou muito. A crise financeira de 2007-2009 teve muitas partes variáveis, mas perto do centro havia uma fórmula pouco conhecida desenvolvida por David Li, estatístico e matemático. A equação lida com o capcioso desafio de medir a correlação do padrão entre os ativos. (A fórmula é chamada de função de cópula gaussiana.)

A correlação é crucial na diversificação de um portfólio e, portanto, na administração do risco. Por exemplo, considere dois potenciais investimentos: a Umbrella Corp. e a Picnic Basket Inc. Se o tempo for inclemente, o preço das ações da Umbrella Corp. sobe e o preço das ações da Picnic Basket Inc. cai. É claro que o tempo bom leva a uma reação oposta do mercado. Como o desempenho das ações não está correlacionado, você terá um portfólio diversificado se tiver ações de ambas as empresas, independentemente das condições de tempo. Entretanto, se as ações forem correlacionadas – ambas sobem ou descem ao mesmo tempo por qualquer motivo –, você estará exposto a mais risco do que o imaginado.

A promessa da equação de Li era que, com um único número, ela poderia medir a probabilidade de que dois ou mais ativos em um portfólio chegariam ao mesmo patamar juntos. Isso abriu as portas para novos produtos, pois os engenheiros financeiros tinham um método para quantificar a segurança ou o grau de risco de um título que agrupa vários ativos. Por exemplo, um banco de investimentos poderia reunir títulos corporativos em um pool, conhecido como obrigação de dívida colateralizada, e resumir a correlação padrão com a equação de Li em vez de se preocupar com os detalhes do comportamento de cada título corporativo no pool.

Embora os participantes do mercado descrevessem a fórmula como "linda, simples e fácil de administrar", ela tinha um defeito fatal, pois as correlações mudam. De modo consistente com o viés da redução, a equação baseava-se em um mundo estável e descomplicado, mas era aplicada em um mundo dinâmico e complexo. Como acontece com frequência, as correlações padrão sobem quando a economia cai.

O fracasso da Long-Term Capital Management ilustra como correlações variáveis podem causar estragos. A LTCM observou que a correlação entre seus investimentos diversificados foi de menos de 10% nos cinco anos anteriores. Para testar o portfólio em condições de estresse, a LTCM assumiu que as correlações poderiam subir para 30%, bem acima do que demonstrado pelos dados históricos. Quando a crise financeira estourou, em 1998, as correlações subiram rapidamente para 70%. A diversificação foi por água abaixo e o fundo sofreu terríveis perdas. "Qualquer coisa que se baseie em correlações é charlatanismo", debochou Taleb. Ou, como ouvi os negociadores dizerem: "A única coisa que sobe em um mercado em baixa é a correlação."[19]

O erro final ao lidar com essas transições de fase é a crença na previsão. Este é o único mundo que conhecemos. No entanto, é tentador perguntar se os resultados seriam diferentes se voltássemos no tempo e tocássemos a fita novamente.[20] Será que a evolução ainda teria produzido árvores, cães e pessoas? Se os modelos de como as pessoas adotam ideias e inovações sugerem um grande papel da sorte, como poderemos saber como teria sido? Ou como será?

Em geral, não há como testar a inevitabilidade dos resultados que vemos. Entretanto, um trio de pesquisadores da Columbia University, liderado por Duncan Watts, sociólogo, conduziu um estudo que essencialmente moldou múltiplos mundos para ver como as pessoas se comportam em vários ambientes sociais. Não somos capazes de reviver a história de nosso mundo, mas os cientistas efetivamente criaram universos alternativos.[21] Os achados de Watts e seus colegas deram um descanso para qualquer um no negócio de previsões.

Criaram um site chamado Music Lab e convidaram algumas pessoas a participarem de um estudo sobre gostos musicais. O site pedia aos participantes que ouvissem e avaliassem 48 músicas de bandas desconhecidas, com a opção de fazer o download das canções de que gostassem. Mais de 14 mil pessoas participaram, a maioria jovens residentes nos Estados Unidos.

Após entrarem no site, 20% dos participantes foram indicados a fazer parte de um mundo independente e 10% foram direcionados a cada um dos oito mundos em que as pessoas poderiam ver o que as outras estavam fazendo (Figura 7-2). No mundo independente, as pessoas ouviam e classificavam as canções e tinham liberdade para baixá-las, mas não tinham informação alguma sobre o que as outras pessoas estavam fazendo. Nos outros mundos, elas também ouviam e classificavam as músicas, mas a influência social entrou em ação, porque elas podiam ver quantas vezes as outras pessoas tinham baixado cada música. Os pesquisadores fizeram algumas variações da experiência, mas em todas as situações as músicas começavam com zero download.

FIGURA 7-2

Como o Music Lab criou mundos alternativos

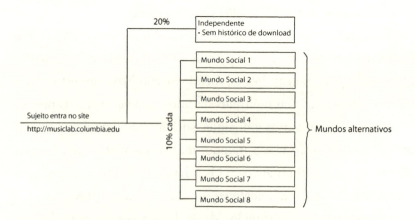

Fonte: Baseado em Duncan J. Watts. "Is Justin Timberlake a Product of Cumulative Advantage?" *New York Times Magazine,* 15 de abril de 2007.

A configuração do estudo permitiu um teste muito explícito da influência social. Os participantes no grupo independente, não influenciados pela opinião de outras pessoas, forneceram um indicador razoável da qualidade das músicas. Se a influência social não tivesse consequências, seria esperado que as classificações das músicas – e que o número de downloads – fossem semelhantes em todos os mundos. Por outro lado, se a influência social fosse importante, pequenas diferenças no padrão inicial de downloads nos mundos sociais levariam a avaliações muito diferentes. A vantagem cumulativa vence a qualidade intrínseca.

O estudo demonstrou que a qualidade da música tinha um papel na classificação. Uma música classificada entre as cinco primeiras no mundo independente tinha cerca de 50% de chances de terminar entre as cinco primeiras em um mundo de influência social. As piores músicas raramente chegavam ao topo das paradas. Mas qual você acha que foi o desempenho de uma música média nos mundos sociais? Você acha que as opiniões dos outros influenciariam seu gosto?

Os cientistas verificaram que a influência social desempenhou importante papel no sucesso ou no fracasso da música. Uma delas, "Lockdown", da banda 52metro, estava em 26º lugar no mundo independente, efetivamente na média. Ainda assim, foi a canção número 1 em um dos mundos de influência social, e número 40 em outro. A influência social catapultou uma canção média para o topo da parada em um mundo – ah-whoom – e a mandou para o final da lista em outro. Chamei o fenômeno de lição de Lockdown.

Nos oito mundos sociais, as canções baixadas pelos participantes logo no início da experiência tiveram grande influência nas músicas baixadas por eles mais tarde. Os padrões de download eram diferentes em cada mundo social, assim como os resultados.

O processo da urna de Polya oferece uma boa perspectiva para analisar esses resultados.[22] Imagine uma grande urna com duas bolas dentro, uma vermelha e outra azul. Você estica a mão e escolhe aleatoriamente uma bola. Digamos que você escolha a azul. Você, então, pega uma outra bola azul e devolve as duas para a urna (a urna agora contém uma bola vermelha e duas azuis). Você repete o processo, aleatoriamente escolhendo uma bola, pegando outra igual e colocando as bolas na urna, até enchê-la. Em seguida, você calcula a razão entre as bolas vermelhas e as azuis. A Figura 7-3 mostra seis tentativas que eu simulei, cada uma com cem rodadas de remoção e substituição.

O processo da urna possui características que se ajustam muito bem aos resultados do Music Lab. Primeiro, para qualquer tentativa individual que você fizer, não existe como saber o resultado antes do tempo. A razão pode pender para o vermelho ou para o azul, e várias tentativas geram razões diferentes. Como resultado, é realmente difícil prever os vencedores. Embora seja verdade que produtos de melhor qualidade têm maior probabilidade de sucesso no mundo real, não há elo garantido entre sucesso comercial e qualidade. Além disso, a influência social tende a exacerbar os sucessos e fracassos do produto, levando a excessos. Na experiência do Music Lab, a desigualdade dos resultados foi substancialmente maior nos mundos sociais do que no mundo independente.

Segundo, a flexibilidade diminui com o tempo. Assim que você tiver selecionado a bola azul, as chances de que irá selecionar a outra aumentam acentuadamente. Se você escolher uma bola azul apenas uma ou duas vezes mais, rapidamente fica quase impossível que a vermelha domine – tudo por motivos puramente estatísticos. Embora os resultados eventuais fossem imprecisos no início da experiência do Music Lab, os resultados foram estáveis assim que foram estabelecidos como tais. Para os mundos sociais, os resultados se estabilizaram depois que cerca de um terço dos sujeitos participou. Como a urna, a sorte da escolha inicial era definitiva.

FIGURA 7-3

Os resultados variam muito no processo da urna de Polya

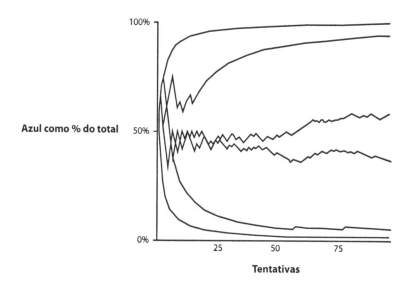

Finalmente, existe o efeito da memória. A cor da primeira bola selecionada influencia muito o resultado. Da mesma forma, a primeira pessoa a baixar uma canção influencia o padrão dos downloads subsequentes. Nosso mundo representa um dos muitos mundos possíveis e pequenas mudanças nas condições iniciais levam a enormes diferenças de resultado. Uma análise das diferenças de classificação nos vários mundos de influência social comprova isso.

Na verdade, o processo da urna de Polya é simples demais para representar plenamente a experiência do Music Lab e a maioria dos processos sociais.[23] Por exemplo, o processo da urna é limitado a duas escolhas, enquanto a experiência e o mundo real são muito mais complicados. No entanto, o processo da urna mostra como o feedback positivo leva a resultados desiguais e imprevisíveis. A influência social pode ser o motor do feedback positivo.

Reconhecer o papel da influência social em outros domínios não é difícil. Os pesquisadores demonstraram a importância da vantagem cumulativa no sucesso de tecnologias, comportamentos e ideias. Exemplos clássicos incluem as batalhas pelos formatos padrão incluindo teclados Qwerty *versus* Dvorak para máquinas de escrever, fitas de vídeo VHS *versus* Betamax e Blu-ray Disc *versus* discos HD-DVD.[24] Cada esfera enfrenta a mesma falta de previsibilidade e perde a correlação entre sucesso e qualidade. Cada esfera tem pontos críticos e transições de fase. Nos casos em que causa e efeito não são claros, aprender com a história é um desafio.

Eis algumas dicas sobre como lidar com sistemas que possuem transições de fase:

1. *Estude a distribuição dos resultados para o sistema com o qual está lidando.* Graças ao pontapé inicial dado por Taleb, muitas pessoas agora associam eventos extremos com cisnes negros. Mas Taleb faz uma distinção cuidadosa, embora subestimada: se entendemos como é a distribuição mais ampla, os resultados – por mais extremos que sejam – são corretamente rotulados de cisnes cinzas, e não negros. Ele os chama de "eventos extremos modeláveis". Na verdade, os cientistas se empenharam para classificar as distribuições de vários sistemas, incluindo o mercado de ações, os ataques

terroristas e as falhas da grade do sistema elétrico.[25] Assim, se você tiver o conhecimento e as ferramentas necessárias para compreender esses sistemas, poderá ter uma visão geral de como eles se comportam, mesmo se não tiver meios confiáveis de prever qualquer evento específico. A chave é preparar-se bem para o que quer que o sistema gere, seja extremo ou não. Na maior parte dos casos, as pessoas são arrasadas não pelos cisnes negros, o desconhecido dos desconhecidos, mas porque não se prepararam bem para os cisnes cinzas.

2. *Procure momentos ah-whoom.* Como a discussão sobre a Ponte do Milênio e a sabedoria das massas revelou, grandes mudanças em sistemas coletivos ocorrem quando os atores do sistema coordenam seu comportamento. Pense no boom das empresas ponto com no final da década de 1990 ou da crise econômica de 2007-2009. Embora uma redução na diversidade não garanta uma mudança no sistema (apesar de invocar a vulnerabilidade invisível), ela aumenta substancialmente a probabilidade. O comportamento coordenado está no âmago de muitos resultados assimétricos, incluindo consequências favoráveis (best-sellers, capital de risco) e desfavoráveis (segurança nacional, empréstimos). Cuidado com o nível de diversidade e reconheça que mudanças de estado acontecem de repente.

3. *Cuidado com as previsões.* Os seres humanos têm enorme apetite por previsões e prognósticos em um amplo espectro de áreas. As pessoas precisam reconhecer que a precisão das previsões em sistemas com transições de fase é fraca, mesmo

as que são feitas pelos assim chamados especialistas. Watts afirma: "Pensamos que existe algo que chamamos de qualidade [...] e que os resultados que vemos no mundo refletem essa qualidade." Mas, acrescentou: "Agrada-me a ideia de que os resultados que obtemos são, em grande medida, aleatórios."[26] A melhor alternativa é reconhecer a natureza da distribuição e preparar-se para todas as contingências.

4. *Mitigue os aspectos negativos e aproveite os positivos.* O erro comum e óbvio ao lidar com sistemas complexos é apostar demais em determinado resultado. Na década de 1950, John Kelly, físico da Bell Labs, desenvolveu uma fórmula para uma estratégia ideal de apostas com base na teoria da informação. A fórmula de Kelly informa quanto apostar, considerando suas chances. Uma das principais lições de Kelly é que apostar demais em um sistema com resultados extremos leva à ruína. Apostar demais explica o fracasso de muitas grandes instituições financeiras, incluindo a American International Group (AIG), que implicitamente deixou de considerar os resultados extremos. Por exemplo, a AIG, uma grande e lucrativa empresa de seguros, avançou agressivamente no negócio de derivativos a fim de aumentar os lucros. Considerável percentagem dos negócios incluía vender seguros contra a falta de pagamento de ativos ligados à dívida corporativa e títulos hipotecários. Quando o mercado afundou, em 2008, a AIG não conseguiu cumprir seus compromissos financeiros e precisou ser socorrida pelo governo americano. E nenhum dos modelos da AIG conseguiu prever o que estava a caminho.[27]

Eventos altamente improváveis e extremos podem ter características positivas e negativas. Ao lidar com sistemas de coletividades, o ideal é obter uma exposição eficaz em termos de custos a eventos positivos e se precaver contra eventos negativos. Embora estejamos ficando mais sofisticados, os instrumentos financeiros que vemos no mercado estão ligados a eventos extremos que muitas vezes não estão bem-precificados.[28] No fim das contas, o alerta da lenda dos investimentos Peter Bernstein deve ganhar o dia: "As consequências são mais importantes do que as probabilidades." Isso não significa que devemos nos concentrar nos resultados em vez de no processo; significa que devemos considerar todas as possíveis consequências.[29]

Cada vez mais as pessoas devem lidar com sistemas marcados por mudanças abruptas e imprevisíveis e resultados raros, mas extremos. Somos todos particularmente inclinados a cometer erros nesses sistemas, pois intuitivamente queremos tratar o sistema como mais simples do que ele realmente é e extrapolar o passado no futuro. Marque esses sistemas quando os identificar e desacelere seus procedimentos decisórios. Especialmente quando navegar entre cisnes negros ameaçadores, o fundamental é viver para ver o dia seguinte.

CAPÍTULO 8

Separando sorte de técnica

Por que os investidores são ótimos em comprar na alta e vender na baixa

O CHEFE PERDEU O CONTROLE. Depois que os famosos New York Yankees ganharam apenas quatro de seus primeiros 12 jogos em 2005, George Steinbrenner, o proprietário do time de beisebol, não conseguiu conter sua frustração. "Estou tremendamente decepcionado com o péssimo desempenho da equipe", ele reclamou. "Para mim, é inacreditável que o time mais bem-pago do beisebol pudesse começar a temporada assim tão mal. Eles têm talento para vencer e não estão ganhando." Mesmo com 93% dos jogos da temporada pela frente, Joe Torre, o técnico da equipe, concordou: "Ele não disse nada que nós já não sabíamos. Quando ele gasta dinheiro, espera receber mais do que obteve até agora."[1]

Os Yankees acabaram superando a fase ruim, empatando em primeiro lugar em sua divisão durante a temporada regular, mas não por causa da censura do chefão. Mas quanto se deve à destreza e quanto se deve à sorte? Difícil dizer. Temos dificuldades em separar a técnica da sorte em muitos campos, inclusive nos negócios e investimentos. Como resultado, cometemos uma série de erros previsíveis e naturais, como não apreciar a inevitável reversão da equipe ou do indivíduo para a média. Este capítulo apresentará uma nova perspectiva para interpretar os pontos fortes e fracos da equipe ou, nesse contexto, o desempenho dos empregados, unidades de negócios, corretor de títulos ou outros profissionais como indivíduos e grupos.

Ervilhas-de-cheiro no século XIX: uma breve história

Francis Galton, primo de Charles Darwin, era um erudito vitoriano que gostava de contar casos. Curioso sobre tópicos variados incluindo evolução, psicologia e meteorologia, ele empregou a disciplina empirista para testar suas ideias. Durante a vida, ele coletou e analisou uma enorme quantidade de dados.

Por meio de um processo de pesquisa e investigação, Galton descobriu o fenômeno da reversão para a média, um enorme feito na estatística.

A ideia é que, para muitos tipos de sistemas, um resultado que não está na média será seguido por um resultado com um valor esperado próximo da média. Embora a maioria das pessoas reconheça a ideia da reversão para a média, muitas vezes elas ignoram ou entendem mal o conceito, levando a vários erros em sua análise.[2]

O interesse de Galton por esse tema começou com a ideia de que a genialidade era hereditária. Ele observou que os gênios – músicos, artistas, cientistas – estavam acima da média e que, embora seus filhos fossem acima da média, estavam mais perto dela. A genialidade, entretanto, é difícil de medir. Assim, Galton voltou-se para algo que podia medir: ervilhas-de-cheiro. Ele separou as sementes das plantas por tamanho e demonstrou que, apesar de os frutos tenderem a se parecer com a semente de origem, seu tamanho médio era mais próximo à média da população toda.[3]

Enquanto as distribuições normais, ou em forma de sino, eram bem conhecidas na época, os pensadores daquele período geralmente supunham que as distribuições eram resultado de um grande número de pequenos erros em torno da média. Por exemplo, vários cientistas podem estimar a posição de um planeta. Cada estimativa capta a posição com algum nível de erro, refletindo instrumentos ou cálculos imperfeitos. Se esses erros tenderem a estar tanto em uma direção quanto em outra, eles se cancelarão, e a média das estimativas será a verdadeira posição do planeta.

Mas a teoria dos erros não conseguiu explicar os achados de Galton. Ele reconheceu que precisava haver um mecanismo diferente em ação. A hereditariedade claramente desempenhava um papel importante na hora de determinar o tamanho das ervilhas: não era simplesmente o fato de que os erros estavam distribuídos em torno de algum tipo de média universal.

Assim, Galton arregaçou as mangas e embarcou em um estudo detalhado da estatura. Galton coletou as estaturas de 400 pais e mais de 900 de seus filhos adultos. Ele combinou as estaturas das mães e dos pais no que ele chamou de estatura média dos pais e verificou que elas seguiam uma distribuição normal. Em seguida, ele calculou a altura dos filhos e descobriu que elas revertiam para a média. Pais altos tendem a ter filhos altos, mas a altura dos filhos está mais próxima da média de todos os filhos. Pais baixos, em geral, têm filhos baixos, mas essas crianças são mais altas do que os pais (Figura 8-1). Esses dados permitiram que Galton demonstrasse e definisse a reversão para a média.[4]

A significativa inovação de Galton foi demonstrar que, mesmo que a reversão para a média ocorra de uma geração para outra, a distribuição *geral* das estaturas permanece estável ao longo do tempo. Essa combinação prepara uma armadilha para as pessoas porque a reversão para a média sugere que as coisas permanecerão mais na média ao longo do tempo, enquanto uma distribuição estável implica que as coisas não mudam muito. Compreender plenamente como a mudança e a estabilidade caminham juntas é fundamental para entender o processo de reversão para a média.[5]

FIGURA 8-1

Reversão para a média na estatura de seres humanos

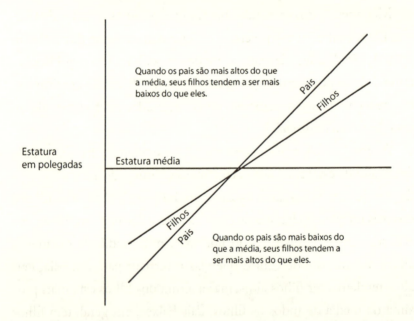

Fonte: Baseado em Francis Galton, "Regression towards Mediocrity in Hereditary Stature". Journal of the Anthropological Institute 15 (1886): 246-263.

Técnica, sorte e resultados

Em muitos empreendimentos os resultados são uma combinação de técnica e sorte. Por exemplo, no beisebol, um arremessador pode fazer um ótimo jogo e, mesmo assim, o time pode perder por falta de sorte. Naturalmente, o grau de influência da técnica e da sorte dependerá da atividade. Não há técnica envolvida quando jogamos em caça-níqueis. Mas ganhar no xadrez requer muita habilidade e apenas um pouco de sorte. Mesmo assim, mesmo quando a técnica de determinado jogador não muda, sua sorte pode melhorar ou piorar.

Por exemplo, considere como pode ser a pontuação de um jogador de golfe em dias diferentes. Se o jogador marcar bem abaixo de seu *handicap* na primeira rodada, quanto seria esperado na segunda? A resposta não é a mesma pontuação. O resultado excepcional da primeira rodada foi consequência de sua habilidade, mas também da sorte. Mesmo que ele continue sendo tão habilidoso quanto antes, na segunda rodada, não podemos esperar que tenha a mesma boa sorte.[6]

Qualquer sistema que combine técnica e sorte reverterá para a média com o tempo. Daniel Kahneman captou muito bem essa ideia quando pediram a ele que apresentasse uma fórmula para o século XXI. Na verdade, ele propôs duas. Eis a sua sugestão:[7]

Sucesso = Algum talento + sorte
Muito sucesso = Algum talento + muita sorte

Naturalmente, resultados ruins podem refletir a combinação de alguma técnica e muito azar. Esse foi o caso com os primeiros 12 jogos dos Yankees em 2005. No entanto, com o tempo, a técnica entra em ação à medida que a sorte se equilibra, o que ajuda a explicar por que os Yankees terminaram em primeiro lugar. A visão de Steinbrenner da sua equipe é muito estreita. Ele viu que os Yankees perderam oito das 12 partidas. Só que não levou em conta o fato de que o time estava entre as melhores e mais habilidosas equipes de beisebol dos EUA (apesar de estar pagando salários à altura). Eles começaram a ganhar quando sua sorte melhorou.

Quando ignoramos o conceito de reversão para a média, podemos cometer três tipos de erro. O primeiro é pensar que somos especiais. Uma vez me reuni com a equipe da alta diretoria de uma empresa e discuti minha interpretação da reversão para a média no desempenho corporativo. Os executivos concordaram com ar de entendidos. O CEO então observou: "Sim, nós entendemos bem a ideia da reversão para a média. Só que ela não se aplica a *nossa empresa*, porque descobrimos uma maneira melhor de administrar nosso negócio." Como se fosse assim.

Um exemplo de como ignorar a reversão para a média vem do mundo dos investimentos. Que gerente de investimentos você prefere contratar: aquele que recentemente conquistou o mercado ou aquele que não alcançou a meta? Evidentemente, não existe uma resposta fácil. A sorte claramente desempenha um papel importante, mas ilusório, no montante de dinheiro que você obterá de qualquer investimento, especialmente em curto prazo. No entanto, apesar de os profissionais do setor entenderem a importância da sorte, eles, consistentemente, não incorporam esse conhecimento em suas decisões.

Amit Goyal, professor de finanças da Emory University, e Sunil Wahal, professor de finanças da Arizona State University, analisaram como 3.400 planos de aposentadoria, dotações e fundações (patrocinadores dos planos) contrataram e dispensaram empresas que administram fundos de investimentos em um período de dez anos. Os pesquisadores verificaram que os patrocinadores do plano tendiam a contratar administradores com bom desempenho no passado recente. E o principal motivo para dispensar um administrador era o fraco desempenho. De forma consistente com a reversão para a média, os pesquisadores observaram que nos anos subsequentes muitos dos administradores que foram despedidos acabaram tendo melhor desempenho do que os administradores contratados (Figura 8-2).[8]

Investidores individuais se comportam de forma semelhante. Os indivíduos, em geral, obtêm retornos entre 50% e 75% do índice S&P 500 precisamente porque investem em mercados quentes e retiram seus investimentos logo após uma queda. Eles compram na alta e vendem na baixa. Quem ignora a reversão para a média deixa de obter retorno substancial para seus investimentos.[9]

FIGURA 8-2

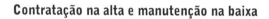

Contratação na alta e manutenção na baixa

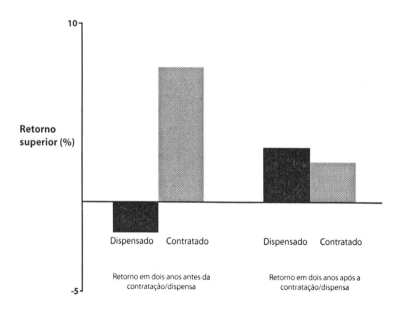

Fonte: Amit Goyal e Sunil Wahal, "The Selection and Termination of Investment Management Firms by Plan Sponsors". *Journal of Finance* 63, nº 4 (2008): 1805-1847.

Em minha pesquisa verifiquei que os analistas de Wall Street ignoram os efeitos da reversão para a média quando constroem seus modelos de resultados financeiros futuros de determinada empresa. Os analistas, regularmente, negligenciam as evidências do fenômeno da reversão para a média ao considerar fatores essenciais como as taxas de crescimento das vendas da empresa e os níveis de lucratividade econômica.[10]

A gafe de Secrist

"A mediocridade tende a prevalecer na condução de negócios competitivos", escreveu Horace Secrist, economista da Northwestern University, em seu livro de 1933, *The Triumph of Mediocrity in Business*. Com essa afirmação, Secrist tornou-se um exemplo duradouro do segundo erro associado com a reversão para a média – um erro de interpretação do que dizem os dados.[11] O livro de Secrist é realmente impressionante. Suas mais de quatrocentas páginas demonstram a reversão para a média em uma série após outra em uma aparente afirmação da tendência em direção à mediocridade. Minha pesquisa utiliza um exemplo da ideia de Secrist. A Figura 8-3 mostra como o spread entre o retorno sobre o capital investido (ROIC) e o custo do capital reverte para a média em uma amostra de mais de mil empresas, divididas em quintis durante uma década (a figura reflete o ROIC médio para cada quintil). Embora contemporâneo, esse quadro poderia se encaixar perfeitamente no texto de Secrist.[12]

O livro de Secrist foi bem-recebido pela maioria, com a notável exceção de uma dura crítica feita por Harold Hotelling, economista e estatístico da Columbia University. O problema apontado por Hotelling é que "esses diagramas realmente só provam que as razões em questão têm uma tendência à dispersão".[13] A melhor imagem para entender a crítica de Hotelling é a Figura 8-4. No topo está a distribuição de ROICs para a amostra em 1997. No meio está a reversão para a média da Figura 8-3 e embaixo está a distribuição de ROICs para 2007. Note que o primeiro e o último gráficos de distribuição são muito parecidos.

FIGURA 8-3

Reversão para a média dos retornos corporativos sobre o capital investido (1997-2007)

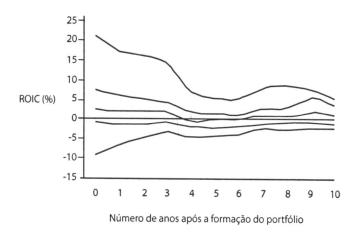

Em oposição à sugestão de Secrist, não há tendência para que todas as empresas migrem para a média ou para que a variância diminua. Na verdade, uma apresentação diferente mas igualmente válida dos dados mostra "um movimento que se afasta da mediocridade e se aproxima de uma variação crescente".[14] Uma visão mais precisa dos dados sugere que, com o tempo, a sorte redistribui as mesmas empresas e as coloca em diferentes pontos da distribuição. Naturalmente, as empresas que tiveram muita sorte ou muito azar tenderão a reverter para a média, mas o sistema geral permanecerá muito semelhante ao longo do tempo.

FIGURA 8-4

A reversão para a média não implica o triunfo da mediocridade

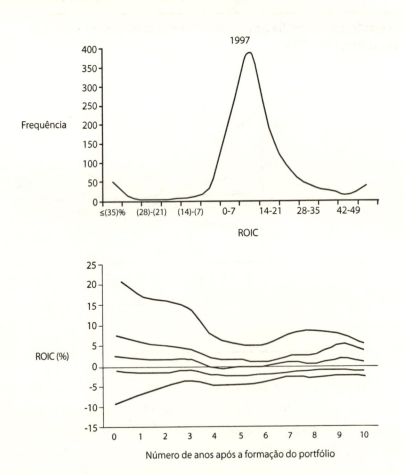

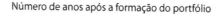

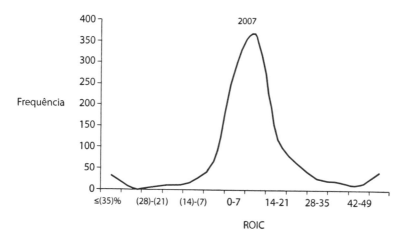

E se você fizer a análise da reversão para a média do presente para o passado em vez do passado para o presente? Os pais de crianças altas tendem a ser mais ou menos altos do que seus filhos?

Em uma implicação contraintuitiva da reversão para a média é que obtemos o mesmo resultado quer façamos uma análise de dados prospectiva ou retrospectiva. Assim, os pais de crianças altas tendem a ser altos, mas não tão altos quanto os filhos. As empresas com altos retornos hoje tiveram altos retornos no passado, mas não tão altos quanto no presente. A Figura 8-5 ilustra esse ponto revertendo o tempo. Os quintis baseiam-se nos ROICs de 2007 – e, portanto, são diferentes dos quintis na Figura 8-3 –, e voltam para 1997. A similaridade com a Figura 8-3 é clara.

Eis como pensar a respeito. Digamos que os resultados sejam parte técnica e parte sorte transitória. Resultados extremos em qualquer período específico, realmente refletindo boa ou má sorte, tenderão a ser menos extremos antes ou depois desse período à medida que a contribuição da sorte for menos significativa.

FIGURA 8-5

A reversão média também funciona do presente para o passado (2007-1997)

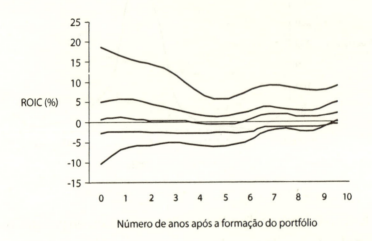

Que tipo de feedback ajuda o desempenho?

Mais de quarenta anos atrás, Daniel Kahneman foi convidado a ajudar instrutores de voo da força aérea israelense a aprimorar suas técnicas de treinamento. Depois de observar os instrutores xingar obscenidades para os treinandos, Kahneman disse aos instrutores que pesquisas com pombos demonstraram que o feedback positivo pode motivar melhor do que castigos. Um instrutor respondeu: "Com todo respeito, o que o senhor está dizendo se aplica aos pássaros." O instrutor passou então a explicar que os pilotos quase sempre tinham pior desempenho em voo após um elogio e um desempenho consistentemente melhor depois de ouvirem alguns insultos.

Inicialmente surpreso, Kahneman logo percebeu que o instrutor foi vítima de nosso terceiro erro. Ele acreditava que os insultos haviam feito os pilotos voarem melhor. Na verdade, seu desempenho estava simplesmente revertendo para a média. Se um piloto fizesse um voo incomumente ótimo, o instrutor tendia a elogiá-lo. Então, como o próximo voo revertia para a média, o instrutor veria um desempenho mais normal e concluiria que o elogio é ruim para os pilotos. Os instrutores não viam que seu feedback era menos importante para o desempenho no voo seguinte do que a reversão para a média.[15]

Quem achou que o ataque de Steinbrenner ajudou a colocar os Yankees em primeiro lugar em 2005 cometeu o mesmo erro. A principal lição é que o feedback deve se concentrar na parte do resultado que a pessoa tem condições de controlar. Podemos chamá-la de parte ou processo da técnica. O feedback baseado apenas em resultados é praticamente inútil se não fizer a distinção entre técnica e sorte.

O efeito de halo

O efeito de halo, descrito pela primeira vez na década de 1920 por Edward Thorndike, psicólogo da Columbia University, está intimamente relacionado com a reversão para a média e ilustra um erro fatal de boa parte das pesquisas voltadas para gerentes comerciais. O efeito de halo é a proclividade humana a fazer inferências específicas com base em impressões gerais. Por exemplo, Thorndike descobriu que quando os superiores nas forças armadas avaliavam os oficiais subordinados em determinadas qualidades (inteligência, psique, liderança), as correlações entre as qualidades eram impossivelmente altas. Se o oficial gostasse de seu subordinado, ele concedia notas generosas do início ao fim. Se não gostasse dele, as notas atribuídas eram baixas. Na verdade, a impressão geral que o oficial causava em seu superior obscurecia os detalhes.[16]

Em *The Halo Effect* Phil Rosenzweig mostrou que esse erro está difundido no mundo dos negócios. Rosenzweig indicou que tendemos a observar empresas de sucesso financeiro, associar atributos (por exemplo, grande liderança, estratégia visionária e rígidos controles financeiros) a esse sucesso e a recomendar que outras empresas adotem os atributos para alcançar seu próprio sucesso. Os pesquisadores que estudam administração em geral seguem essa fórmula e raramente reconhecem o papel da sorte no desempenho empresarial. E os dados substanciais que os pesquisadores utilizam para sustentar suas afirmações não representarão nada se caíram na armadilha do efeito de halo.[17]

Por exemplo, Rosenzweig sugere que a imprensa elogiará uma empresa que estiver se saindo bem por ter uma "estratégia sólida, um líder visionário, empregados motivados, uma excelente orientação ao cliente, uma cultura vibrante e assim por diante".[18] Se, no entanto, o desempenho da empresa reverter para a média logo depois, os observadores concluirão que todos esses atributos estavam errados, quando na realidade nada disso aconteceu. Em muitos casos, as mesmas pessoas estão administrando as mesmas empresas com a mesma estratégia. A reversão para a média determina o desempenho das empresas, o que, por sua vez, manipula a percepção.

Rosenzweig apresenta como exemplo o caso da ABB, empresa industrial sueca-suíça. Em meados da década de 1990, o *Financial Times* considerou a ABB a "Empresa Mais Respeitada" da Europa durante três anos consecutivos, sugerindo que a empresa tinha uma avaliação "excepcionalmente alta em termos de desempenho de negócios, estratégia corporativa e maximização do potencial dos empregados". O CEO da ABB, Percy Barnevik, também colecionava prêmios. A Korean Management Association o considerou o mais premiado alto executivo do mundo – um prêmio por receber o maior número de prêmios.

No final da década de 1990 e início da década de 2000, o desempenho da ABB caiu. Os mesmos fatores que a imprensa citou como chave para o sucesso da empresa, como agilidade por ter uma administração descentralizada, agora eram o motivo da derrocada, pois "unidades muito díspares entre si acabavam causando conflitos".[19] Mas a imprensa deixou sua maior mudança de opinião para Barnevik, que deixou de ser descrito como "carismático, ousado e visionário" e passou a ser chamado de "arrogante, imperioso e resistente a críticas". Richard Tomlinson e Paola Hjelt, jornalistas da revista *Fortune*, revisaram os pontos altos e baixos da ABB e concluíram que "Barnevik nunca foi tão bom quanto diziam na década de 1990, nem era tão ruim quanto sugeriam as recentes notícias caluniosas".[20]

Embora Tomlinson e Hjelt estivessem corretos, a mídia, muitas vezes, perpetua o efeito de halo. Indivíduos e empresas de sucesso adornam as capas das revistas juntamente com histórias brilhantes que explicam os segredos por trás de seu sucesso. O efeito de halo também funciona em sentido inverso, quando a imprensa aponta as dificuldades enfrentadas por empresas de fraco desempenho. A tendência da mídia de se concentrar em desempenhos extremos é tão previsível que se tornou um contraindicador confiável.

Tom Arnold, John Earl e David North, professores de finanças da University of Richmond, revisaram as matérias de capa das revistas *BusinessWeek*, *Forbes* e *Fortune*, publicadas ao longo de um período de 20 anos. Eles categorizaram os artigos sobre as empresas do que mais tendia à alta para o que mais tendia à baixa. Sua análise revelou que nos dois anos que antecederam a publicação das histórias de capa, as ações das empresas que foram destacadas nos artigos positivos tinham gerado retornos anormais positivos de mais de 42 pontos percentuais, enquanto que as empresas retratadas nos artigos negativos tiveram um desempenho menor em cerca de 35 pontos percentuais, o que é consistente com as expectativas. Mas nos dois anos seguintes à publicação dos artigos as ações das empresas cujo desempenho fora criticado nas revistas tiveram um desempenho superior ao das empresas que foram elogiadas em uma margem de cerca de três para um. Reversão para a média. Os fãs dos esportes têm uma variação disso chamado sina do *Sports Illustrated* – os times ou os atletas tendem a apresentar pior desempenho logo após aparecerem na capa da revista.[21]

Rosenzweig mostra de forma devastadora que a maior parte do pensamento dos livros de negócios de maior venda é vítima do efeito de halo. Esses livros são um sucesso comercial, sugere ele, porque contam aos gerentes uma história que eles querem ouvir: qualquer empresa pode ter sucesso seguindo esses passos. Na verdade, nenhuma fórmula simples garante o sucesso em um ambiente de negócios que muda rapidamente.

Por exemplo, em seu amplamente lido *Good to Great,* Jim Collins identifica 11 grandes empresas e observa que elas são porcos-espinhos: concentram-se no que fazem melhor. Direcionam seus esforços para fazer o que quer que resulte em crescimento econômico. E são passionais. Uma lição do livro é que a sua empresa pode vencer também, se adotar os hábitos de um porco-espinho. Entretanto, a pergunta que importa não é "eram todas as grandes empresas 'porcos-espinhos'?" mas "eram todos os porcos-espinhos ótimos?". Se a resposta para a última pergunta for não – e certamente será –, centrar-se nos sobreviventes criará um viés na análise, levando a conclusões errôneas.

Agora que você está avisado sobre os conceitos da reversão para a média e o efeito de halo, verá que eles estão em toda parte. No final da década de 1990, o Corporate Executive Board fez algumas pesquisas instigantes sobre crescimento corporativo. Eu achei a análise útil e imediatamente a integrei a meu trabalho. Cerca de uma década mais tarde a empresa publicou uma versão atualizada da análise. A princípio fiquei ansioso para colocar as mãos nos mais recentes achados com base em "estudos exaustivos".

Mas logo me decepcionei, pois percebi que o novo trabalho sofria do efeito de halo. Diferentemente do trabalho anterior, a análise atualizada definiu um padrão de crescimento crescente e decrescente das vendas da empresa, analisou décadas de dados para chegar a desempenhos corporativos que coincidiam com o padrão e depois associou atributos (fatores estratégicos, organizacionais e externos específicos) às empresas que se encaixavam no modelo. Embora atraentes e bem-apresentados, os resultados baseavam-se em uma análise viciada.

Como evitar os erros associados à reversão para a média? Eis uma lista que pode ajudá-lo a identificar questões importantes:

1. *Avalie a combinação de técnica e sorte no sistema que você está analisando.* Discernir as contribuições da técnica e da sorte raramente é uma tarefa fácil, mesmo se houver ferramentas analíticas disponíveis.[22] Para que a ideia fique mais concreta, considere o contínuo de jogos da Tabela 8-1. À esquerda estão jogos de informação completos, em que cada jogador sabe as posições, as recompensas e as estratégias disponíveis a seu oponente. Nesses jogos, os resultados são, em grande medida, definidos por meio da técnica. À direita estão os jogos baseados na sorte, em que a destreza não tem vez. Os jogos do meio combinam técnica e sorte.

Aqui está um teste simples para verificar se determinada atividade envolve técnica: pergunte se você consegue perder *de propósito*.[23] Pense nos jogos de cassino, como roleta e caça-níqueis. Vencer ou perder é puramente uma questão de sorte. Não importa o que você faça. Se conseguir perder de propósito, então existe técnica envolvida. Esse teste simples revela o papel da sorte nos investimentos. Embora a maioria das pessoas reconheça que é difícil construir um portfólio que vença o S&P 500, a maioria não sabe como é difícil construir um portfólio com desempenho muito pior do que o valor de referência.

TABELA 8-1

O que determina o resultado – técnica ou sorte?

Técnica	Técnica e sorte	Sorte
Xadrez	Pôquer	Roleta
Damas	Gamão	Caça-níqueis
GO	Banco imobiliário	Sobe e desce

Portanto, é preciso ter cuidado na hora de tirar conclusões sobre resultados em atividades que envolvem a sorte – especialmente conclusões sobre resultados de curto prazo. Não somos muito bons na hora de decidir quanto peso devemos dar à técnica ou à sorte em determinada situação. Quando algo bom acontece, tendemos a achar que foi resultado da técnica. Quando algo ruim acontece, dizemos que foi falta de sorte. Por isso, esqueça o resultado e concentre-se no processo.

Reconheça também que existem muitas informações disponíveis sobre sistemas que são fortemente influenciados pela sorte. Como demonstra a história de George Steinbrenner, a sorte desempenha um papel importante no beisebol, especialmente em curto prazo. Mas os comentaristas analisam as partidas jogada por jogada com pouca consciência de que a sorte explica a maior parte do que está acontecendo. Este mesmo princípio aplica-se aos negócios e aos mercados.

2. *Considere cuidadosamente o tamanho da amostra.* Daniel Kahneman e Amos Tversky estabeleceram que as pessoas extrapolam conclusões infundadas de amostras pequenas.[24] Pensar claramente sobre o tamanho da amostra é essencial por alguns motivos.

Quanto mais a sorte contribuir para os resultados, maior o tamanho da amostra necessária para fazer a distinção entre sorte e técnica. O beisebol é um bom exemplo, em uma temporada com 162 jogos, há boas chances de que só os melhores times cheguem ao topo. A curto prazo, no entanto, quase tudo pode acontecer. Em *Moneyball*, Michael Lewis, um autor que frequentemente apresenta visões inovadoras sobre diferentes temas, destaca que: "Em uma série de cinco jogos, o pior time no beisebol vencerá o melhor cerca de 15% das vezes."[25] Isso não se vê em partidas de xadrez ou tênis, jogos nos quais o melhor jogador quase sempre vence o pior, independentemente do período de tempo.

Além disso, quando um grande número de pessoas participa de uma atividade que é influenciada pelas probabilidades, algumas vencerão por pura sorte. Assim, é preciso analisar de forma mais detalhada o histórico de sucesso em campos com muitos participantes. O histórico de investimentos é um bom exemplo.

Os torcedores, em geral, não compreendem a onda de sorte nos jogos e nos esportes em geral. O termo pé-quente refere-se à crença de que sucesso chama sucesso. Tendemos a acreditar que se um jogador de basquete tiver acertado uma cesta, ele está mais propenso a acertar a próxima.

Michael Bar-Eli, professor de administração da Ben-Gurion University, estuda os fatores psicológicos determinantes do desempenho humano, especialmente se relacionados com os esportes. Com alguns colegas, Bar-Eli fez uma revisão detalhada dos estudos sobre a sorte, concluindo que "as evidências empíricas para a existência do pé-quente nos esportes é consideravelmente limitada".[26]

Isso não quer dizer que os jogadores não tenham momentos de sorte ou azar. Naturalmente, isso existe. O ponto é que essas ondas de sucessos e fracassos são consistentes com o nível de competência do jogador. Por exemplo, um jogador de basquete que converte 60% das cestas tem 7,8% de chance $(0,6)^5$ de fazer cinco cestas consecutivas. Um jogador que converte 40% de suas cestas tem apenas 1% de chance $(0,4)^5$ de acertar cinco cestas seguidas. Os melhores jogadores têm mais ondas de sorte do que os piores, como esperado, considerando as estatísticas.

O sucesso contínuo em determinada atividade requer doses de técnica e sorte. Na verdade, uma onda de sucesso é um dos melhores indicadores de habilidade em determinado campo. A sorte sozinha não pode sustentar uma onda de sucesso. Minha análise das várias ondas de sucesso no basquete e no beisebol claramente sugere que esses jogadores são os mais habilidosos em seus campos.

Jerker Denrell, professor de comportamento organizacional na Stanford Business School, demonstrou o elo entre o tamanho da amostra e a aprendizagem. Em seu trabalho, "Why Most People Disapprove of Me: Experience Sampling and Impression Formation", Denrell argumenta que a primeira impressão que temos de uma pessoa ou organização pode determinar seu futuro grau de interação. Assim, se você administra um negócio que lida com clientes, é especialmente importante garantir uma primeira impressão favorável.[27]

Imagine que você vai experimentar um novo restaurante, e dois resultados são possíveis. No primeiro caso, o restaurante é excelente. Você tem um jantar maravilhoso, com atendimento atencioso e preço razoável. Você voltaria? No segundo caso, o restaurante deixa a desejar. O jantar é mediano, o serviço é indiferente e o preço é mais alto do que você esperava pagar. Você voltaria?

A maioria das pessoas voltaria no primeiro caso, mas não no segundo. Considerando a reversão para a média, o que tende a acontecer na segunda vez em que você for ao restaurante? Há boas chances de a refeição não estar tão boa ou de o atendimento não ser tão satisfatório. Nesse caso, você terá uma visão mais realista do restaurante, mesmo que menos elogiosa. Por outro lado, se você nunca voltar ao restaurante por causa de uma experiência ruim, terá a certeza de não coletar informações adicionais, mesmo que essas informações, como sugere a reversão para a média, fossem mais favoráveis. Assim, as pessoas tendem a ter uma visão mais favorável das pessoas e coisas de que gostam do que das que não gostam, porque têm uma amostra mais completa.

3. *Observe mudanças no sistema ou do sistema.* Nem todos os sistemas permanecem estáveis com o tempo, por isso, é importante considerar como e por que o sistema mudou. Um exemplo óbvio são as mudanças individuais no nível de habilidade. A idade de um atleta é um bom exemplo. Em muitos esportes profissionais, a habilidade atlética melhora até quase os 30 anos de idade, ponto em que começa a deteriorar gradualmente. Atletas acima da média revertem para a média com o tempo em consequência de menor habilidade. A perda da habilidade naturalmente se aplica a outros campos, também incluindo negócios e medicina.

Além disso, o sistema propriamente dito pode mudar. Stephen Jay Gould analisou por que o beisebol não tem um jogador capaz de sustentar uma média de rebatidas de 0,400 por uma temporada completa desde Ted Williams, em 1941. Depois de apreciar algumas possíveis explicações – nenhuma das quais convincentes –, Gould demonstrou que, embora a média de rebatidas nas principais ligas tenha sido razoavelmente estável ao longo dos anos, o desvio padrão caiu de aproximadamente 32%, em 1941, para cerca de 27%, atualmente. O sino da distribuição em sino é mais estreito do que costumava ser. O fato de o lado direito da distribuição estar mais perto da média talvez explique a falta de rebatedores de 0,400. Gould atribuiu a redução no desvio padrão a um nível geral mais consistente na técnica dos jogadores das principais ligas de beisebol.[28]

4. *Cuidado com o efeito de halo.* Todo um setor de atividade, inclusive professores e consultores de faculdades de administração, está se empenhando para oferecer a empresários soluções perfeitas para seus problemas. É assim que se aumentam as vendas. É assim que se inova. É assim que se lida com pessoas. No entanto, sempre que você vir um enfoque oferecendo segredos, fórmulas, regras ou atributos para alcançar o sucesso, pode ter certeza de que alguém está lhe vendendo uma maravilha curativa. Ainda assim, identificar o efeito de halo requer disciplina, porque os vigaristas estão vendendo histórias atraentes e sugerem um rigor substancial, mas falso.

Se você for como eu e gosta de encontrar uma causa para todo efeito, deve dedicar algum tempo tentando separar a técnica da sorte. Uma avaliação das contribuições relativas da técnica e da sorte permitirá que você pense claramente sobre a reversão para a média. Para mim, a maior lição e a oportunidade de entender a reversão para a média é manter o controle. Quando os resultados são realmente bons, por causa de uma dose se sorte, prepare-se para encarar os momentos em que eles estarão mais próximos da média. Quando os resultados são frustrantes por falta de sorte, saiba que as coisas vão melhorar.

CONCLUSÃO

Momento de pensar duas vezes

Como mudar seu processo de tomada de decisões imediatamente

UMA VEZ PARTICIPEI de uma série de palestras com vários colegas. Os tópicos, embora fascinantes, tinham um caráter distintamente acadêmico e abstrato. Depois da primeira palestra, um de meus colegas de trabalho suspirou: "A apresentação foi ótima, mas o que eu preciso fazer de diferente amanhã?" Não tenho certeza de que *havia* algo de diferente a ser feito no dia seguinte. Mas se as lições de *Pense duas vezes* tiverem valor, elas sugerem algumas ações muito concretas.

Antes de enumerar essas ações eu gostaria de começar com o que você não precisa fazer. Você não precisa pensar duas vezes antes de todas as decisões. Como a maioria das decisões é direta, com repercussões claras, os erros delineados neste livro não serão relevantes. Todos nós tomamos inúmeras decisões todos os dias, e os riscos são geralmente baixos. Mesmo quando não são baixos, o melhor curso de ação, em geral, é bastante óbvio.

O valor de *Pense duas vezes* está em situações em que os riscos são suficientemente altos e em que o processo decisório natural leva a uma escolha não ideal.

Assim, você precisa aprender quais são os erros potenciais (preparação), identificá-los em contexto (reconhecimento) e ajustar suas decisões finais quando chegar a hora certa (aplicação). Eis algumas ideias sobre o que você deve fazer de diferente amanhã.

Aumente seu nível de consciência. Na Introdução, eu disse que os erros precisavam ser comuns, identificáveis e preveníveis. Se a minha mensagem tiver alcançado seu objetivo, você verá erros em toda parte. A primeira ação é trabalhar para identificar os erros em seu fluxo diário de informações. Aposto que não vai faltar material.

Essa ação é, em parte, inspirada pelos livros do matemático John Allen Paulos, incluindo *A Mathematician Reads the Newspaper*.[1] Paulos explica de forma interessante como analisar os eventos e comentários diários pela ótica de um matemático pode oferecer pontos de vista úteis. Essa é uma excelente maneira de ficar à vontade com as ideias. Se você conseguir reconhecer problemas de raciocínio e processos de tomada de decisões ruins em outras pessoas, estará em melhor posição para identificar um erro potencial quando você tiver de enfrentá-lo.

Para mim, erros neste livro geram duas reações. Por um lado, identifico problemas de raciocínio em toda parte, seja um caso de causação falha, efeito de halo ou deixar de considerar a probabilidade de base. Por exemplo, ao realizar a pesquisa para este livro, encontrei um trabalho que mostrava a correlação entre as variações das batidas de canções populares e o desvio padrão dos retornos do índice S&P 500.[2] Naturalmente, a cobertura da imprensa avalia que a variação das batidas pode *causar* os movimentos de mercado. Será possível? Talvez. Provável? Eu não apostaria nisso.

Por outro lado, o processo de escrever me deixou ainda mais consciente de como é difícil pensar claramente sobre muitos problemas. A realidade é que somos inclinados a cometer erros que, quando combinados com informações incompletas e muita incerteza, levam a resultados ruins. Um problema maior ainda é o que acontece após o fato. Assim que os resultados são revelados, o viés do retrospecto entra em ação e muitos comentaristas sugerem que sabiam o que iria acontecer antes do fato. Além disso, quando as coisas vão mal, todos querem achar um culpado. (E quando dão certo, todos querem assumir o crédito.) Se não contribuir com nada, este livro deveria estimulá-lo a ser cauteloso diante do desenrolar de eventos e decisões.

Coloque-se no lugar dos outros. Considerar o ponto de vista ou a experiência de outras pessoas é uma das maneiras mais incríveis de facilitar a tomada de decisões melhores. Essa atitude é essencial em vários níveis. O primeiro é adotar a visão externa. Embora algumas decisões que tenhamos que tomar sejam raras para nós – como casar, fechar uma grande fusão ou mudar para outra cidade –, muitas pessoas já viveram essas situações antes. Essas experiências cumulativas criam uma classe de referência que podem guiar as suas escolhas.

Pensar sobre o poder da situação também é essencial. A ideia é tomar cuidado para evitar interpretar demais o caráter individual dos outros na avaliação de suas escolhas e, em vez disso, considerar cuidadosamente a situação em que se encontra. Como vimos, a situação pode ajudar ou dificultar decisões em níveis extremos. A maioria de nós, entretanto, cai no erro fundamental de atribuição, incorretamente colocando a disposição na frente da situação.

Lembre-se de que suas ações causarão reações e, em muitos casos, você não poderá prevê-las. Os teóricos dos jogos vêm tentando descobrir como lidar melhor com essas interações durante décadas, especialmente quando são únicas. Determinar como um sistema adaptativo complexo responderá também é um grande desafio, como afirmariam ecologistas que tentam administrar um ecossistema ou ministros das Finanças que tentam guiar a economia. Pouquíssimas decisões com sérias consequências vão ocorrer em um vazio, por isso, é preciso considerar as potenciais repercussões de qualquer escolha.[3]

Considerar o que motiva as decisões dos outros, especialmente quando essas decisões o afetam, também é essencial. Os incentivos fazem diferença. Faça um curso de negociação, porque negociadores habilidosos são mestres em descobrir o que é importante para a outra parte e em chegar a soluções mutuamente benéficas. Mesmo se você não estiver lidando diretamente com outras pessoas, compreender os incentivos oferece pistas valiosas sobre como as pessoas tomam decisões.

Finalmente, os líderes devem desenvolver empatia. Se você for o responsável pelas decisões que afetarão a vida de outras pessoas, entender as perspectivas e os sentimentos envolvidos é fundamental para a eficácia do processo. Não só a empatia ajudará você a decidir, mas facilitará a comunicação e a administração após a decisão.

Reconheça o papel da técnica e da sorte. Os resultados que vemos em áreas como negócios, investimentos e esportes são uma combinação de técnica e sorte, mas as pessoas não são boas na hora de considerar a contribuição relativa dos dois. Separar técnica da sorte é essencial para tomar decisões e avaliar os resultados.

Quando a sorte é importante na determinação dos resultados, você precisa prever que a reversão para a média fará com que seja provável que resultados extremos sejam seguidos por resultados mais medianos. Quanto maior for o papel da sorte, mais dados serão necessários para separar os componentes de técnica e sorte. Por exemplo, resultados de investimentos de curto prazo refletem em grande parte a aleatoriedade e pouco dizem sobre a astúcia do investidor.

Finalmente, se você oferecer críticas construtivas sobre o desempenho de alguém, certifique-se de concentrar seus comentários no componente da técnica. Isso é, por definição, a única parte do processo que um indivíduo pode controlar. É fácil demais misturar técnica e sorte na hora de fazer uma crítica.

Obtenha feedback. Uma das melhores maneiras de melhorar o processo de tomada de decisões é por meio de feedback oportuno, preciso e claro. Esse tipo de feedback é essencial para a prática deliberada, o ingrediente essencial no desenvolvimento da especialização. O problema é que a qualidade do feedback varia enormemente em diferentes áreas. Em algumas, como na previsão do tempo e nos jogos, o feedback é rápido e preciso. Em outros campos, inclusive em estratégias de negócios e investimentos de longo prazo, o feedback chega depois, e muitas vezes é ambíguo. Para ilustrar, as pesquisas mostram que o pessoal responsável pela previsão do tempo tende a prever com mais precisão do que os analistas financeiros, refletindo o sistema e o feedback.[4]

A premissa por trás do valor do feedback é que você realmente quer ouvi-lo. Mas o estudo aprofundado de Philip Tetlock sobre os especialistas revela que eles têm "defesas do sistema de crenças".[5] Mesmo quando diante de evidências de que suas previsões estão erradas, os especialistas conjuram formas de defender suas escolhas em grande parte para preservar sua autoimagem. A lição é que mesmo o bom feedback não é útil se você não usá-lo.

Se você realmente estiver levando a sério o desejo de melhorar seu processo decisório e estiver aberto a feedback, existe uma técnica simples e barata de grande valor – um diário das decisões. Sempre que tomar uma decisão importante, reserve um momento para anotar o que decidiu, como chegou a essa decisão e o que você espera que aconteça. Se tiver tempo e disposição, também pode anotar como se sente em termos físicos e mentais.

Um diário bem-mantido oferece vários benefícios. Ele permite que você audite suas decisões. Com frequência, depois de tomarmos uma decisão e observamos o resultado (e isso é especialmente verdade para bons resultados), nossas mentes mudam a história de como decidimos. Escrever o próprio processo de tomada de decisões torna muito mais difícil conjurar novas explicações após o fato. Esse processo de verificação é particularmente útil quando as decisões tomadas com base em um processo ruim levam a bons resultados.

Outro benefício é o potencial para encontrar padrões. Quando revisar seu diário, você poderá começar a ver relações entre como você se sentia e quais foram as consequências da decisão. Por exemplo, você pode observar que quando está de bom humor tende a ser excessivamente confiante em suas avaliações.

Josh Waitzkin, que alcançou renome mundial no xadrez e nas artes marciais, descreveu a prática de Tigran Petrosian, um ex-campeão mundial de xadrez. Ao disputar partidas com dias ou semanas de duração, Petrosian acordava e se sentava tranquilamente em seu quarto, cuidadosamente avaliando seu estado de espírito. Em seguida, ele preparava o plano de jogo para o dia com base em seu humor, com grande sucesso. Um diário pode fornecer uma ferramenta estruturada para introspecção semelhante.[6]

Crie uma lista de verificação. Quando tiver de tomar uma decisão difícil, é preciso ser capaz de pensar claramente sobre tudo que pode ser inadvertidamente esquecido. Nesse momento, uma lista pode ser benéfica.

Por exemplo, em 2009, o *New England Journal of Medicine* publicou os resultados de um estudo que acompanhava o índice de complicações depois de cirurgias antes e após a introdução de uma lista de verificação. O estudo foi baseado em dados de mais de 7.600 operações em oito cidades do mundo. Os pesquisadores descobriram que a taxa de óbitos caiu quase pela metade quando os médicos usaram a lista e que outras complicações caíram em um terço.[7] Os pilotos, evidentemente, também acham essas listas extremamente valiosas para garantir a segurança. Mas a questão é se você pode criar uma lista para todas as atividades.

As pessoas utilizam mal as listas. Só que sua aplicabilidade é em grande parte função da estabilidade de um campo. Em ambientes estáveis, em que causa e efeito são bem claros e as coisas não mudam muito, as listas de verificação são ótimas. Entretanto, em ambientes em rápida mudança, que são excessivamente circunstanciais, criar uma lista é muito mais difícil. Nesses ambientes, as listas podem ajudar com certos aspectos da decisão. Por exemplo, um investidor que avalia determinada ação poderá usar uma lista para garantir o desenvolvimento de um modelo financeiro adequado.

Uma boa lista equilibra dois objetivos opostos. Deve ser geral o suficiente para permitir a existência de condições variáveis, mas específica o suficiente para orientar a ação. Encontrar esse equilíbrio significa que a lista não deve ser longa demais; idealmente, ela deveria ter uma ou duas páginas.

Se você ainda vai criar uma lista, teste-a e veja que problemas aparecem. Concentre-se em etapas ou procedimentos e verifique em que lugar houve dificuldades antes. Reconheça que os erros são, em geral, resultado de negligenciar uma etapa, e não de realizar outras de forma inadequada.

Faça um pré-mortem. Muitas pessoas conhecem o *pré-mortem*, uma análise das decisões depois que o resultado é conhecido. Por exemplo, hospitais-escola fazem conferências sobre morbidade e mortalidade para revisar erros na assistência dada aos pacientes e modificar processos de tomada de decisões. Mas Gary Klein, um psicólogo, sugere o que chama de *pré-mortem*, um processo que ocorre antes que determinada decisão seja tomada. Você assume que está no futuro e que a decisão que você tomou não deu certo. Em seguida, define razões plausíveis pelo fracasso. Na verdade, tentamos identificar por que nossa decisão pode levar a um resultado ruim antes de tomá-la. A pesquisa de Klein mostra que as análises de pré-mortem ajudam as pessoas a identificar uma série de problemas potenciais melhor do que outras técnicas e estimulam uma troca mais aberta, porque nenhum grupo ou indivíduo investiu ainda na decisão.

Você pode acompanhar os *pré-mortems* individuais ou do grupo em seu diário de decisões. Encontrar as possíveis fontes de falha também pode revelar sinais precoces de problemas.[8]

Saiba o que você não pode saber. Na maioria de nossas decisões diárias, causa e efeito são bastante claros. Se fizer X, Y acontecerá. Mas nas decisões que envolvem sistemas com muitas partes que interagem entre si os elos causais são frequentemente pouco claros. Por exemplo, o que vai acontecer com a mudança climática? Onde os terroristas atacarão em seguida? Quando emergirá uma nova tecnologia? Lembre-se do que disse Warren Buffett: "Praticamente todas as surpresas são desagradáveis."[9] Por isso, considerar sempre as piores hipóteses é vital e em geral subestimado em épocas de prosperidade.

Resista também à tentação de tratar um sistema complexo como se fosse mais simples do que é. Um dos maiores desafios em finanças é criar modelos que sejam úteis aos investidores, mas que também captem os grandes movimentos do mercado. Podemos dizer que a maioria dos grandes desastres financeiros se deve a um modelo que não conseguiu captar a riqueza dos resultados inerentes a um sistema complexo como o mercado de ações.

Existe um paradoxo engraçado com o processo decisório. Quase todo mundo percebe como ele é importante, mas poucos o praticam. Por que não treinamos jovens estudantes no processo de tomada de decisões? Por que tão poucos profissionais – executivos, médicos, advogados e autoridades governamentais – são versados nessas grandes ideias?

Existem erros comuns e identificáveis que conseguimos entender, ver em nossas atividades diárias e administrar com eficácia. Nesses casos, o enfoque correto para decidir bem muitas vezes entra em conflito com o que nossa mente faz naturalmente. No entanto, agora que você sabe quando pensar duas vezes, certamente tomará melhores decisões. Assim, prepare sua mente, reconheça o contexto, aplique a técnica certa e pratique.

NOTAS

Introdução – Faça o que eu faço

1. Stephen Greenspan, "Why We Keep Falling for Financial Scams", *Wall Street Journal*, 3 de janeiro de 2009.
2. Roger Lowenstein, *When Genius Failed: The Rise and Fall of Long-Term Capital Management* (Nova York: Random House, 2000).
3. Laurence Gonzales, *Everyday Survival: Why Smart People Do Stupid Things* (Nova York: W.W. Norton & Company, 2008), 92-97.
4. Camilla Anderson, "Iceland Gets Help to Recover from Historic Crisis", *IMF Survey Online*, 2 de dezembro de 2008; e Michael Lewis, "Wall Street on the Tundra", *Vanity Fair*, abril de 2009, 140-147, 173-177.
5. Keith E. Stanovich, *What Intelligence Tests Miss: The Psychology of Rational Thought* (New Haven, CT: Yale University Press, 2009), 2-3.
6. Richard H. Thaler, "Anomalies: The Winner's Curse", *The Journal of Economic Perspectives* 2, nº 1 (1988): 191-202.
7. Max H. Bazerman, *Judgment in Managerial Decision Making*, 6ª ed. (Nova York: John Wiley & Sons, 2006), 33-35.
8. Rosemarie Nagel, "Unraveling in Guessing Games: An Experimental Study", *American Economic Review* 85, nº 5 (1995): 1313-1326. Também Richard H. Thaler, "From Homo Economicus to Homo Sapiens", *The Journal of Economic Perspectives* 14, nº 1 (2000): 133-141. Fiz essa experiência em minha turma durante anos. Em ordem decrescente, as respostas mais populares são 0, 22, 1 e 33. Para obter mais detalhes sobre por que as pessoas param entre um e dois níveis de dedução, consulte Colin F. Camerer, Teck-Hua Ho e Juin-Kuan Chong. "A Cognitive Hierarchy Model of Games", *The Quarterly Journal of Economics* 119, nº 3 (2004): 861-898.

9. Scott E. Page, *The Difference: How the Power of Diversity Creates Better Groups, Firms, Schools, and Societies* (Princeton, NJ: Princeton University Press, 2007), 36-41.
10. J. Edward Russo e Paul J. H. Schoemaker, *Winning Decisions: Getting It Right the First Time* (Nova York: Doubleday, 2002), 9 e 124.
11. Nassim Nicholas Taleb, *Fooled by Randomness: The Hidden Role of Chance in Life and in the Markets*, 2ª ed. (Nova York: Thomson Texere, 2004).
12. Daniel Kahneman e Amos Tversky, "Prospect Theory: An Analysis of Decision Making Under Risk", *Econmetrica* 47, nº 2 (1979): 263-291.
13. Danny Kahneman, "A Short Course in Thinking about Thinking", *Edge.org*, 2007, http://www.edge.org/3rd_culture/kahneman07/kahneman07_index.html.

Capítulo 1 – A visão externa
Por que Big Brown não era uma barbada

1. Tom Pedulla, "Big Brown Makes His Run at Immortality", *USA Today*, 6 de junho de 2008.
2. Ryan O'Halloran, "A 'Foregone Conclusion'?", *Washington Times*, 30 de maio de 2008.
3. Tecnicamente, Big Brown não terminou em último lugar. Seu jóquei aliviou. Um cavalo nessa condição aparece em último no painel eletrônico, mas não é considerado o último colocado.
4. Arthur Bloch, *Murphy's Law: The 26th Anniversary Edition* (Nova York: Perigee Trade, 2003), 70-71.
5. Obtive essas estatísticas de *Cristblog with Steve Crist*, incluindo "Triple Crown Bids" (19 de maio de 2008) e "Triple Crown Figs" (21 de maio de 2008). Veja http://cristblog.drf.com/.
6. Dan Lovallo e Daniel Kahneman, "Delusions of Success", *Harvard Business Review*, julho de 2003, 56-63.

7. Shelley E. Taylor e Jonathan D. Brown, "Illusion and Well-Being: A Social Psychological Perspective on Mental Health", *Psychological Bulletin* 103, nº 2 (1988): 193-210.
8. Mark D. Alicke e Olesya Govorun, "The Better-Than-Average Effect", *The Self in Social Judgment*, ed. Mark D. Alicke, David A. Dunning e Joachim I. Krueger (Nova York: Psychology Press, 2005), 85-106.
9. Justin Kruger e David Dunning, "Unskilled and Unaware of It: How Difficulties in Recognizing One's Own Incompetence Lead to Inflated Self-Assessments", *Journal of Personality and Social Psychology* 77, nº 6 (1999): 1121-1134.
10. Neil D. Weinstein, "Unrealistic Optimism about Future Life Events", *Journal of Personality and Social Psychology* 39, nº 5 (1980): 806-820.
11. Ellen J. Langer, "The Illusion of Control", *Journal of Personality and Social Psychology* 32, nº 2 (1975): 311-328.
12. Michael C. Jensen, "The Performance of Mutual Funds in the Period 1945-1964", *The Journal of Finance* 23, nº 2 (1968): 389-416. Também Burton G. Malkiel, "Returns from Investing in Equity Mutual Funds 1971-1991", *The Journal of Finance* 50, nº 2 (1995): 549-572. Para mais informações sobre o número reduzido de fundos com bom desempenho em função de habilidade veja Laurent Barras, O. Scaillet e Russ R. Wermers, "False Discoveries in Mutual Fund Performance: Measuring Luck in Estimated Alphas", Robert H. Smith School, documento RH 06-043. Trabalho de pesquisa do Swiss Finance Institute, 08-18, 1º de setembro de 2008. Para a quantificação do custo de administração ativa consulte Kenneth R. French. "Presidential Address: The Cost of Active Investing", *The Journal of Finance* 63, nº 4 (2008): 1537-1573.
13. Mark L. Sirower, *The Synergy Trap: How Companies Lose the Acquisition Game* (Nova York: Free Press, 1997), 123; Tom Copeland, Tim Koller e Jack Murrin, *Valuation: Measuring and Managing the Value of Companies*, 3ª ed. (Nova York: John Wiley & Sons, 2000), 114-115.
14. Francesco Guerrera e Julie MacIntosh, "Luck Played Part in Rohm and Haas Deal", *Financial Times*, 10 de julho de 2008.

15. Alfred Rappaport e Michael J. Mauboussin, *Expectations Investing: Reading Stock Prices for Better Returns* (Boston: Harvard Business School Press, 2001), 153-169.
16. Para a evolução do modelo paciente-médico consulte Raisa B. Deber, "Physicians in Health Care Management: The Patient-Physician Partnership: Decision Making, Problem Solving and the Desire to Participate", *Canadian Medical Association* 151, nº 4 (1994): 423-427. Para saber mais sobre decisões ruins consulte Donald A. Redelmeier, Paul Rozin e Daniel Kahneman, "Understanding Patients' Decisions: Cognitive and Emotional Perspectives", *The Journal of the American Medical Association* 270, nº 1 (1993): 72-76.
17. Angela K. Freymuth e George F. Ronan, "Modeling Patient Decision-Making: The Role of Base-Rate and Anecdotal Information", *Journal of Clinical Psychology in Medical Settings* 11, nº 3 (2004): 211-216. Para mais informações sobre o poder das histórias veja Mark Turner, *The Literary Mind* (Nova York: Oxford University Press, 1996).
18. Roger Buehler, Dale Griffin e Michael Ross, "Inside the Planning Fallacy: The Causes and Consequences of Optimistic Time Predictions", em *Heuristics and Biases: The Psychology of Intuitive Judgment*, ed. Thomas Gilovich, Dale Griffin e Daniel Kahneman (Cambridge: Cambridge University Press, 2002), 250-270.
19. Daniel Gilbert, *Stumbling on Happiness* (Nova York: Alfred A. Knopf, 2006), 228. Veja também James G. March, *A Primer on Decision Making: How Decisions Happen* (Nova York: Free Press, 1994).
20. Danny Kahneman, "A Short Course in Thinking about Thinking", *Edge.org*, 2007. Para obter ótimos exemplos da falta de pensamento externo nos esportes consulte Michael Lewis, *Moneyball: The Art of Winning an Unfair Game* (Nova York: W.W. Norton & Company, 2003); e David Romer, "Do Firms Maximize? Evidence from Professional Football", *The Journal of Political Economy* 114, nº 2 (2006): 340-365.

21. Daniel Kahneman e Amos Tversky, "Intuitive Prediction: Biases and Corrective Procedures", em *Judgment Under Uncertainty: Heuristics and Biases*, ed. Daniel Kahneman, Paul Slovic e Amos Tversky (Cambridge: Cambridge University Press, 1982), 414-421. Para uma versão simplificada veja Lovallo e Kahneman, "Delusions of Success".
22. Stephen Jay Gould, *Full House: The Spread of Excellence from Plato to Darwin* (Nova York: Harmony Books, 1996), 45-56.
23. Chuck Bower e Frank Frigo, "What Was Coach Thinking?", *New York Times*, 1º de fevereiro de 2009.

Capítulo 2 – Aberto a opções
Como o número do telefone pode influenciar suas decisões

1. Steven Schultz, "Freshman Learn About Thinking from Nobel Laureate", *Princeton Weekly Bulletin* 94, nº 3 (2004).
2. Amos Tversky e Daniel Kahneman, "Judgment under Uncertainty: Heuristics and Biases", *Science* 185, nº 4157 (1974): 1124-1131.
3. Philip Johnson-Laird, *How We Reason* (Oxford: Oxford University Press, 2006), 417.
4. Billy Goodman, "Thinking about Thinking", *Princeton Alumni Weekly*, 29 de janeiro de 2003, 26-27.
5. Philip N. Johnson-Laird, *Mental Models* (Cambridge: Harvard University Press, 1983); para uma discussão menos formal veja Peter D. Kaufman, ed., *Poor Charlie's Almanack*, 2ª ed. (Virginia Beach, VA: PCA Publication, 2006). Veja também Laurence Gonzales, *Everyday Survival: Why Smart People Do Stupid Things* (Nova York: W.W. Norton & Company, 2008), 19-32.
6. Para ser mais formal, a teoria dos modelos mentais faz três suposições. Primeiro, cada modelo representa uma possibilidade, captando a maior parte das formas comuns em que pode ocorrer. Segundo, os modelos são "icônicos"; as

partes do modelo correspondem ao que ele representa. Finalmente, os modelos mentais representam o que é verdadeiro, mas não representam o que é falso. Veja Philip N. Johnson-Laird, "Mental Models and Reasoning", em *The Nature of Reasoning*, ed. Jacqueline P. Leighton e Robert J. Sternberg (Cambridge: Cambridge University Press, 2004), 169-204.

7. Nicholas Epley e Thomas Gilovich, "The Anchoring-and-Adjustment Heuristic: Why the Adjustments Are Insufficient", *Psychological Science* 17, nº 4 (2006): 311-318.

8. E. Gregory B. Northcraft e Margaret A. Neale, "Experts, Amateurs, and Real Estate: An Anchoring-and-Adjustment Perspective on Property Pricing Decisions", *Organizational Behavior and Human Decision Processes* 39, nº 1 (1987): 84-97.

9. Adam D. Galinsky e Thomas Mussweiler, "First Offers as Anchors: The Role of Perspective-Taking and Negotiator Focus", *Journal of Personality and Social Psychology* 81, nº 4 (2001): 657-669. Veja também Deepak Malhotra e Max H. Bazerman, *Negotiation Genius: How to Overcome Obstacles and Achieve Brilliant Results at the Bargaining Table and Beyond* (Nova York: Bantam Books, 2007), 27-42.

10. Jerome Groopman, *How Doctors Think* (Boston: Houghton Mifflin, 2007), 41-44.

11. *Ibid.*, 63-64: e Ian Ayres, *Super Crunchers: Why Thinking-by-Numbers is the New Way to be Smart* (Nova York: Bantam Books, 2007), 98-99.

12. Jason Zweig, *Your Money and Your Brain: How the New Science of Neuroeconomics Can Help Make You Rich* (Nova York: Simon & Schuster, 2007), 53-84.

13. Scott A. Huettel, Peter B. Mack e Gregory McCarthy, "Perceiving Patterns in Random Series: Dynamic Processing of Sequence in Prefrontal Corex", *Nature Neuroscience* 5, nº 5 (2002): 485-490.

14. Leeat Yariv, "I'll See It When I Believe It – A Simple Model of Cognitive Consistency", artigo de discussão 1352, Cowles Foundation, New Haven, CT, fevereiro de 2002.

15. Carol Tavris e Elliot Aronson, *Mistakes Were Made (but not by* me*): Why We Justify Foolish Beliefs, Bad Decisions, and Hurtful Acts* (Orlando, FL: Harcourt, Inc., 2007), 13.
16. John F. Ashton, em *Six Days: Why Fifty Scientists Choose to Believe in Creation* (Green Forest, AZ: Master Books, 2001), 351-355; Richard Dawkins, *The God Delusion* (Boston: Houghton Mifflin Company, 2006), 284-286.
17. Leon Festinger, Henry W. Riecken e Stanley Schachter, *When Prophecy Fails: A Social and Psychological Study of a Modern Group That Predicted the Destruction of the World* (Mineápolis: University of Minnesota Press, 1956), 168.
18. *Ibid.*, 176.
19. Raymond S. Nickerson, "Confirmation Bias: A Ubiquitous Phenomenon in Many Guises", *Review of General Psychology 2*, nº 2 (1998): 175-220.
20. Robert B. Cialdini, *Influence: The Psychology of Persuasion*, rev. ed. (Nova York: Quill, 1993), 60-61.
21. Elihu Katz e Paul F. Lazarsfeld, *Personal Influence: The Part Played by People in the Flow of Mass Communications* (Nova York: Free Press, 1955).
22. Ver http://www.thesmokinggun.com/archive/0322061cheney1.html.
23. Drew Westen, Pavel S. Blagov, Keith Harenski, Clint Kilts e Stephan Hamann, "Neural Bases of Motivated Reasoning: An fMRI Study of Emotional Constraints on Partisan Political Judgment in the 2004 U.S. Presidential Election", *Journal of Cognitive Neuroscience* 18, nº 11 (2006): 1947-1958.
24. "Political Bias Affects Brain Activity, Study Finds", *MSNBC.com*, 24 de janeiro de 2006.
25. Marvin M. Chun e René Marois, "The Dark Side of Visual Attention", *Current Opinion in Neurobiology* 12, nº 2 (2002): 184-189; Daniel J. Simons e Christopher F. Chabris, "Gorillas in Our Midst: Sustained Inattentional Blindness for Dynamic Events", *Perception* 28, nº 9 (1999): 1059-1074; William James, *The Principles of Psychology*, vol. 1 (Nova York: Henry Holt & Co., 1890); Richard Wiseman, *Did You Spot the Gorilla? How to Recognize Hidden Opportunities* (Londres: Random House, 2004); Arien Mack e Irvin Rock, *Inattentional*

Blindness (Cambridge: MIT Press, 1998); e Torkel Klingberg, *The Overflowing Brain: Information Overload and the Limits of Working Knowledge* (Nova York: Oxford University Press, 2009).

26. David Klinger, *Into the Kill Zone: A Cop's Eye View of Deadly Force* (São Francisco: Jossey-Bass, 2004).
27. Robert M. Sapolsky, *Why Zebras Don't Get Ulcers: An Updated Guide to Stress, Stress-Related Disease, and Coping* (Nova York: W.H. Freeman and Company, 1994): e Samuel M. McClure, David I Laibson, George Loewsenstein e Jonathan D. Cohen, "Separate Neural Systems Value Immediate and Delayed Monetary Rewards", *Science* 306 (15 de outubro de 2004), 503-507.
28. Jerome Groopman conta uma história semelhante. Ver Groopman, *How Doctors Think*, 225-233.
29. George A. Akerlof e Robert J. Shiller, *Animal Spirits: How Human Psychology Drives the Economy, and Why It Matters for Global Capitalism* (Princeton, NJ: Princeton University Press, 2009), 36-37; e Whitney Tilson e Glenn Tongue, *More Mortgage Meltdown: 6 Ways to Profit in These Bad Tunes* (Nova York: John Wiley & Sons, 2009), 29-47.
30. Alan Greenspan, "Testimony to the Committee of Government Oversight and Reform", 23 de outubro de 2008.
31. Max H. Bazerman, George Loewenstein e Don A. Moore, "Why Good Accountants Do Bad Audits", *Harvard Business Review*, novembro de 2002, 97-102; e Don A. Moore, Philip E. Tetlock, Lloyd Tanlu e Max H. Bazerman, "Conflicts of Interest and the Case of Auditor Independence: Moral Seduction and Strategic Issue Cycling", *Academy of Management Review* 31, nº 1 (2006): 10-29.
32. Malhotra e Bazerman, *Negotiation Genius*, 19-24. Veja também Max H. Bazerman e Michael D. Watkins, *Predictable Surprises: The Disasters You Should Have Seen Coming and How to Prevent Them* (Boston: Harvard Business School Press, 2004).

33. J. Edward Russo e Paul J. H. Schoemaker, *Winning Decisions: Getting It Right the First Time* (Nova York: Currency, 2002), 86-89.
34. Doris Kearns Goodwin, *Team of Rivals: The Political Genius of Abraham Lincoln* (Nova York: Simon & Schuster, 2005).
35. Søren Kierkegaard, *The Diary of Søren Kierkegaard* (Nova York: Carol Publishing Group, 1993), 111; e Max H. Bazerman, *Judgment in Managerial Decision Making*, 6ª ed. (Nova York: John Wiley & Sons, 2006), 37-39.
36. Antonio Damasio, *The Feeling of What Happens: Body and Emotion in the Making of Consciousness* (Nova York: Harcourt Brace & Company, 1999), 42.

Capítulo 3 – Os especialistas sob pressão
Por que a Netflix sabe mais do que os atendentes sobre seus filmes favoritos

1. James Surowiecki, *The Wisdom of Crowds: Why the Many Are Smarter Than the Few and How Collective Wisdom Shapes Business, Economies, Societies and Nations* (Nova York: Doubleday and Company, 2004).
2. Gary Hamel e Bill Breen, *The Future of Management* (Boston: Harvard Business School Press, 2007), 229-239; Renée Dye, "The Promise of Prediction Markets: A Roundtable", *The McKinsey Quarterly*, nº 2 (abril de 2008): 83-93; e Steve Lohr, "Betting to Improve the Odds", *New York Times*, 9 de abril de 2008.
3. Os mercados de previsão são bolsas com dinheiro vivo onde as pessoas podem apostar em eventos com resultados binários e temporalmente definidos; portanto, o preço reflete a probabilidade de o evento ocorrer. Veja Kenneth J. Arrow, Robert Forsythe, Michael Gorham, Robert Hahn, Robin Hansen, John O. Ledyard, Saul Levmore, Robert Litan, Paul Milgrom, Forrest D. Nelson, George R. Neumann, Marco Ottaviani, Thomas C. Schelling, Robert J. Shiller, Vernon L. Smith, Erik Snowberg, Cass R. Sunstein, Paul C. Tetlock, Philip E. Tetlock, Hal R. Varian, Justin Wolfers e Eric Zitzewitz, "The Promise of Pre-

diction Markets", *Science* 320 (16 de maio de 2008): 877-878; Bo Cowgill, Justin Wolfers e Eric Zitzewitz, "Using Prediction Markets to Track Information Flows: Evidence from Google", estudo preliminar, 2008.

4. Phred Dvorak, "Best Buy Taps Prediction Market", *Wall Street Journal*, 16 de setembro de 2008.
5. Hilke Plassmann, John O'Doherty, Baba Shiv e Antonio Rangel, "Marketing Actions Can Modulate Neural Representations of Experienced Pleasantness", *Proceedings of the National Academy of Sciences* 105, nº 3 (2008): 1050-1054.
6. Ian Ayres, *Super Crunchers: Why Thinking-by-Numbers Is the New Way to Be Smart* (Nova York: Bantam Books, 2007), 1-6. Na verdade, esta não é a fórmula que Ayres mostra. Uma análise das fontes primárias sugere que Ayres cometeu dois erros em sua equação (a constante deveria ser um valor negativo e uma casa decimal está errada). Creio que esta equação está correta.
7. Orley Ashenfelter, "Predicting the Quality and Prices of Bordeaux Wines", Estudo preliminar nº 4, American Association of Wine Economists, abril de 2007.
8. Steven Pinker, *How the Mind Works* (Nova York: W.W Norton & Company, 1997), 305-306.
9. J. Scott Armstrong, Monica Adya e Fred Collopy, "Rule-Based Forecasting: Using Judgment in Time-Series Extrapolation", em *Principles of Forecasting: A Handbook for Researchers and Practitioners*, ed. J. Scott Armstrong (Nova York: Springer, 2001), 259-282; e John D. Sterman e Linda Booth Sweeney, "Managing Complex Dynamic Systems: Challenge and Opportunity for Naturalistic Decision-Making Theory", em *How Professionals Make Decisions*, ed. Henry Montgomery, Raanan Lipshitz e Berndt Brehmer (Mahway, NJ: Lawrence Erlbaum Associates, 2005), 57-90.
10. Gary Loveman, "Diamonds in the Data Mine", *Harvard Business Review*, maio de 2003, 109-113.
11. Michael T. Belongia, "Predicting Interest Rates: A Comparison of Professional and Market-Based Forecasts", *Federal Reserve Bank of St. Louis*, março de

1987, 9-15; e Deirdre N. McCloskey, *If You're So Smart: The Narrative of Economic Expertise* (Chicago: University of Chicago Press, 1990), 111-122.

12. Joe Nocera, "On Oil Supply, Opinions Aren't Scarce", *New York Times*, 10 de setembro de 2005.

13. Eric Bonabeau, "Don't Trust Your Gut", *Harvard Business Review*, maio de 2003, 116-123.

14. Michael J. Mauboussin, "What Good Are Experts?", *Harvard Business Review*, fevereiro de 2008, 43-44; e Bruce G. Buchanan, Randall Davis e Edward A. Feigenbaum, "Expert Systems: A Perspective from Computer Science", em *The Cambridge Handbook of Expertise and Expert Performance*, ed. K. Anders Ericsson. Neil Charness, Paul J. Feltovich e Robert R. Hoffman (Cambridge: Cambridge University Press, 2006), 87-103.

15. Para obter mais detalhes sobre o concurso veja www.netflixprize.com. Clive Thompson, "If You Liked This, You're Sure to Love That", *New York Times Magazine*, 23 de novembro de 2008. Jordan Ellenberg, "The Netflix Challenge: This Psychologist Might Outsmart the Math Brains Competing for the Netflix Prize", *Wired Magazine*, março de 2008, 114-122.

16. Paul E. Meehl, *Clinical versus Statistical Prediction: A Theoretical Analysis and a Review of the Evidence* (Mineápolis: University of Minnesota Press, 1954); Robyn M. Dawes, David Faust e Paul E. Meehl, "Clinical versus Actuarial Judgment", em *Heuristics and Biases: The Psychology of Intuitive Judgment*, ed. Thomas Gilovich, Dale Griffin e Daniel Kahneman (Cambridge: Cambridge University Press, 2002), 716-729; Reid Hastie e Robyn M. Dawes. *Rational Choice in an Uncertain World* (Thousand Oaks, CA: Sage Publications, 2001), 55-72; e William M. Grove, David H. Zald, Boyd S. Lebow, Beth E. Snitz e Chad Nelson, "Clinical Versus Mechanical Prediction: A Meta-Analysis", *Psychological Assessment* 12, nº 1 (2000): 19-30.

17. Philip E. Tetlock, *Expert Political Judgment: How Good Is It? How Can We Know?* (Princeton, NJ: Princeton University Press, 2005), 54.

18. Scott E. Page, *The Difference: How the Power of Diversity Creates Better Groups, Firms, Schools, and Societies* (Princeton, NJ: Princeton University Press, 2007), 205-214. As massas resolvem diferentes tipos de problemas. Veja Michael J. Mauboussin, "Explaining the Wisdom of Crowds: Applying the Logic of Diversity", *Mauboussin on Strategy*, 20 de março de 2007.

19. Em seu trabalho clássico sobre eficiência de mercado Jack Treynor sugere que a exatidão das estimativas médias "resulta de opiniões erradas de vários investidores que erram de forma independente. Se os erros forem inteiramente independentes, o erro padrão do preço em equilíbrio cai com a raiz quadrada do número de investidores". Creio que a lei da raiz quadrada, que afirma que o erro padrão da média cai com a raiz quadrada de N (número de observações) seja uma explicação inadequada para o problema das jujubas (ou da sabedoria das massas). A lei da raiz quadrada se aplica à teoria de amostragem, onde existem observações independentes que incluem a resposta mais um termo de ruído aleatório. Em um grande número de observações, os erros se anulam. A hipótese subjacente por trás da lei da raiz quadrada é que as observações são independentes e identicamente distribuídas em torno de uma média. Esse, claramente, não é o caso em muitas situações. Embora o teorema da previsão da diversidade permita a lei da raiz quadrada, ele não a exige. Creio que o teorema de previsão da diversidade é uma maneira mais eficaz de explicar a sabedoria das massas. Veja Jack L. Treynor, "Market Efficiency and the Bean Jar Experiment", *Financial Analysts Journal*, maio-junho de 1987, 50-53.

20. J. Scott Armstrong, "Combining Forecasts", em *Principles of Forecasting: A Handbook for Researchers and Practitioners*, ed. J. Scott Armstrong (Nova York: Springer, 2001), 417-439.

21. Malcolm Gladwell, *Blink: The Power of Thinking Without Thinking* (Nova York: Little, Brown and Company, 2005); e Gary Klein, *Sources of Power: How People Make Decisions* (Cambridge: MIT Press, 1998).

22. Daniel Kahneman, "Maps of Bounded Rationality: A Perspective on Intuitive Judgment and Choice", Nobel Prize Lecture, 8 de dezembro de 2002, Estocolmo, Suécia.
23. Michelene T. H. Chi, Robert Glaser e Marshall Farr, eds., *The Nature of Expertise* (Hillsdale, NJ: Lawrence Erlbaum Associates, 1988), xvii-xx; Robin M. Hogarth, *Educating Intuition* (Chicago: University of Chicago Press, 2001); David G. Myers, *Intuition: Its Powers and Perils* (New Haven, CT: Yale University Press, 2002); Gerd Gigerenzer, *Gut Feelings: The Intelligence of the Unconscious* (Nova York: Viking, 2007); e Charles M. Abernathy e Robert M. Hamm, *Surgical Intuition: What It Is and How to Get It* (Filadélfia: Hanley & Belfus, 1995).
24. Geoff Colvin, *Talent is Overrated: What Really Separates World-Class Performers from Everybody Else* (Nova York: Portfolio 2008), 65–72.
25. Malcolm Gladwell, "Reinventing Invention", discurso proferido em *The New Yorker* Conference, 8 de maio de 2008. Veja http://www.newyorker.com/online/video/conference/2008/gladwell; veja também Malcolm Gladwell, "Most Likely to Succeed: How Do We Hire When We Can't Tell Who's Right for the Job?", *The New Yorker*, 15 de dezembro de 2008, 36-42.
26. Frank E. Kuzmits e Arthur J. Adams, "The NFL Combine: Does It Predict Performance in the National Football League?", *The Journal of Strength and Conditioning Research* 22, nº 6 (2008): 1721-1727.
27. Duncan J. Watts. "A Simple Model of Global Cascades on Random Networks", Anais da National Academy of Sciences 99, nº 9, 30 de abril de 2002, 5766-5771; Duncan J. Watts, *Six Degrees: The Science of a Connect Age* (Nova York: W.W. Norton & Company, 2003); e Victor M. Eguiluz e Martin G. Zimmerman, "Transmission of Information and Herd Behavior: An Application to Financial Markets", *Physical Review Letters* 85, nº 26 (2000): 5659-5662.
28. Irving Janis, *Groupthink: Psychological Studies of Policy Decisions and Fiascoes*, 2ª ed. (Boston: Houghton Mifflin, 1982); e Cass R. Sunstein, *Infotopia: How Many Minds Produce Knowledge* (Oxford: Oxford University Press, 2006), 45-46.

29. Tetlock, *Expert Political Judgment*, 73-75.
30. Saul Hansell, "Google Answer to Filling Jobs Is an Algorithm", *New York Times*, 3 de janeiro de 2007.

Capítulo 4 – Consciência situacional
Como o acordeão impulsiona as vendas de vinho

1. S. E. Asch, "Effects of Group Pressure Upon the Modification and Distortion of Judgments", em *Groups, Leadership and Men*, ed. Harold Guetzkow (Pittsburgh: Carnegie Press, 1951), 177-190.
2. Gregory S. Berns, Jonathan Chappelow, Caroline F. Zink, Giuseppe Pagnoni, Megan Martin-Skurski e Jim Richards, "Neurobiological Correlates of Social Conformity and Independence During Mental Rotation", *Biological Psychiatry* 58 (22 de junho de 2005): 245-253.
3. Sandra Blakeslee, "What Other People Say May Change What You See", *New York Times*, 28 de junho de 2005.
4. Gregory Berns, *Iconoclast: A Neuroscientist Reveals How to Think Differently* (Boston: Harvard Business Press, 2008), 92-97.
5. "Conformity", *ABC Primetime Lab*, 12 de janeiro de 2006. Ver http://abcnews.go.com/Primetime/Health/story?id=1495038.
6. Paul Slovic, Melissa Finucane, Ellen Peters e Donald G. MacGregor, "The Affect Heuristic", em *Heuristics and Biases: The Psychology of Intuitive Judgment*, ed. Thomas Gilovich, Dale Griffin e Daniel Kahneman (Cambridge: Cambridge University Press, 2002), 397-420.
7. David Berreby, *Us and Them: Understanding Your Tribal Mind* (Nova York: Little, Brown and Company, 2005).
8. Lee Ross, "The Intuitive Psychologist and His Shortcomings", em *Advances in Experimental Social Psychology*, ed. Leonard Berkowitz (Nova York: Academic Press, 1977), 173-220; e Thomas Gilovich, Dacher Keltner e Richard E. Nisbett, *Social Psychology* (Nova York: W.W. Norton & Company, 2006), 360-369.

9. Richard E. Nisbett, *The Geography of Thought: How Asians and Westerners Think Differently... and Why* (Nova York: Free Press, 2003).
10. Michael W. Morris e Kaiping Peng, "Culture and Cause: American and Chinese Attributions for Social and Physical Events", *Journal of Personality and Social Psychology* 67, nº 6 (1994): 949-971.
11. Adrian C. North, David J. Hargreaves e Jennifer McKendrick, "In-store Music Affects Product Choice", *Nature* 390 (13 de novembro de 2007): 13.
12. John A. Bargh, Mark Chen e Laura Burrows, "Automaticity of Social Behavior: Direct Effects of Trait Construction and Stereotype Activation on Action", *Journal of Personality and Social Psychology* 71, nº 2, (1996): 230-244.
13. *Ibid.*
14. Rob W. Holland, Merel Hendriks e Henk Aarts. "Smells Like Clean Spirit. Nonconscious Effects of Scent on Cognition and Behavior", *Psychological Science* 16, nº 9 (2005): 689-693.
15. Naomi Mandel e Eric J. Johnson, "When Web Pages Influence Choice: Effects of Visual Primes on Experts and Novices", *Journal of Consumer Research* 29, nº 2 (2002): 235-245.
16. Eric J. Johnson e Daniel Goldstein, "Do Defaults Save Lives?", *Science* 302 (21 de novembro de 2003): 1338-1339.
17. Richard H. Thaler e Cass R. Sunstein, *Nudge: Improving Decisions About Health, Wealth e Happiness* (New Haven, CT: Yale University Press, 2008); Daniel G. Goldstein, Eric J. Johnson, Andreas Herrmann e Mark Heitmann, "Nudge Your Customers Toward Better Choices", *Harvard Business Review*, dezembro de 2008, 99-105; e Dan Ariely, *Predictably Irrational: The Hidden Forces That Shape Our Decisions* (Nova York: Harper, 2008), 1-6.
18. George F. Loewenstein, Elke U. Weber, Christopher K. Hsee e Ned Welch, "Risk as Feelings", *Psychological Bulletin* 127, nº 2 (2001): 267-286.
19. R. B. Zajonc, ed., *The Selected Works of R. B. Zajonc* (Nova York: John Wiley & Sons, 2004), 256.

20. Por exemplo, após bons retornos do mercado de ações, os investidores esperam obter retornos contínuos. Ver Donald G. MacGregor, "Imagery and Financial Judgment", *The Journal of Psychology and Financial Markets* 3, nº 1 (2002): 15-22.
21. Slovic et al., "The Affect Heuristic", 408.
22. Stanley Milgram, *Obedience to Authority* (Nova York: Harper & Row, 1974), 6.
23. Jerry M. Burger, "Replicating Milgram: Would People Still Obey Today?", *American Psychologist* 64, nº 1 (2009): 1-11.
24. Philip Zimbardo, *The Lucifer Effect: Understanding How Good People Turn Evil* (Nova York: Random House, 2007).
25. *Ibid.*, 210-221.
26. Peter F. Drucker, *Management Challenges for the 21st Century* (Nova York: HarperBusiness, 1999), 74.
27. David Leonhardt, "Why Doctors So Often Get It Wrong", *New York Times*, 22 de fevereiro de 2006.
28. Atul Gawande, "The Checklist", *The New Yorker*, 10 de dezembro de 2007, 86-95; Atul Gawande, "A Lifesaving Checklist", *New York Times*, 30 de dezembro de 2007; e Peter Pronovost, "Testimony before Government Oversight Committee", 16 de abril de 2008.
29. Bargh, Chen e Burrows, "Automaticity of Social Behavior", 241.
30. Zimbardo, *The Lucifer Effect*, 451-456.
31. Warren E. Buffett, "Chairman's Letter", *Berkshire Hathaway Annual Report to Shareholders*, 1989.
32. Michiyo Nakamoto e David Wighton, "Citigroup Chief Stays Bullish on Buy-Outs", *Financial Times*, 9 de julho de 2007.

Capítulo 5 – Mais é diferente
Como as abelhas encontram a melhor colmeia sem um corretor

1. Citação da bióloga Deborah Gordon em Peter Miller, "The Genius of Swarms", *National Geographic*, julho de 2007, 126-147. Veja também Her-

bert A. Simon, *The Sciences of the Artificial*, 3ª ed. (Cambridge: MIT Press, 1996), 51-54.

2. Thomas D. Seeley, P. Kirk Visscher e Kevin M. Passino, "Group Decision Making in Honey Bee Swarms", *American Scientist* 94, nº 3 (2006): 220-229.

3. Para um tratamento popular, ver Eric Bonabeau e Guy Théraulaz, "Swarm Smarts", *Scientific American*, março de 2000, 82-90. Veja também Eric Bonabeau, Marco Dorigo e Guy Théraulaz, *Swarm Intelligence: From Natural to Artificial Systems* (Nova York: Oxford University Press, 1999); Thomas D. Seeley, *The Wisdom of the Hive* (Cambridge: Harvard University Press, 1995); e Steven Johnson, *Emergence: The Connected Lives of Ants, Brains, Cities, and Software* (Nova York: Scribner, 2001).

4. Thomas D. Seeley e Kirk Visscher, "Sensory Coding of Nest-site Value in Honeybee Swarms", *The Journal of Experimental Biology* 211, nº 23 (2008): 3691-3697.

5. Ver John H. Holland, *Hidden Order: How Adaptation Builds Complexity* (Reading, MA: Helix Books, 1995); Murray Gell-Mann, *The Quark and the Jaguar: Adventures in the Simple and the Complex* (Nova York: W.H. Freeman, 1994); e John H. Miller e Scott E. Page, *Complex Adaptive Systems: An Introduction to Computational Models of Social Life* (Princeton, NJ: Princeton University Press, 2007).

6. P. W. Anderson, "More is Different", *Science* 177, nº 4047 (1972): 393-396. Veja também Herbert A. Simon, "The Architecture of Complexity". *Proceedings of the American Philosophical Society* 106, nº 6 (1962): 467-482; e Thomas C. Schelling. *Micromotives and Macrobehavior* (Nova York: W.W. Norton & Company, 1978).

7. Lewis Wolpert, *Six Impossible Things Before Breakfast: The Evolutionary Origins of Belief* (Nova York: W.W. Norton, 2007). Veja também Gilles Fauconnier e Mark Turner, *The Way We Think: Conceptual Blending and the Mind's Hidden Complexities* (Nova York: Basic Books, 2002), 75-87.

8. Joseph LeDoux, *The Emotional Brain: The Mysterious Underpinnings of Emotional Life* (Nova York: Touchstone, 1996), 32-33. Veja também David M.

Cutler, James M. Poterba e Lawrence H. Summers, "What Moves Stock Prices?", *The Journal of Portfolio Management*, segundo trimestre de 1989, 4-12.

9. Shyam Sunder, "Relationship Between Accounting Changes and Stock Prices: Problems of Measurement and Some Empirical Evidence", *Journal of Accounting Research: Empirical Research in Accounting: Selected Studies 1973* 11 (1973): 1-45.

10. Vernon L. Smith, *Rationality in Economics: Constructivist and Ecological Forms* (Cambridge: Cambridge University Press, 2008). Veja também Charles R. Plott e Vernon L. Smith, eds., *Handbook of Experimental Economics Results: Volume 1* (Amsterdã: North-Holland, 2008).

11. John R. Graham, Campbell R. Harvey e Shiva Rajgopal, "Value Destruction and Financial Reporting Decisions", *Financial Analysts Journal* 62, nº 6 (2006): 27-39.

12. Este é um viés que surge da heurística da disponibilidade. Veja Max H. Bazerman, *Judgment in Managerial Decision Making*, 6ª ed. (Nova York: John Wiley & Sons, 2006), 18-21.

13. Alston Chase, *Playing God in Yellowstone: The Destruction of America's First National Park* (Boston: The Atlantic Monthly Press, 1986). Veja também Douglas W. Smith e Gary Ferguson, *Decade of the Wolf: Returning the Wild to Yellowstone* (Guilford, CT: The Lyons Press, 2005).

14. Chase, *Playing God in Yellowstone*, 44.

15. Robert K. Merton, "The Unanticipated Consequences of Purposive Social Action", *American Sociological Review* 1, nº 6 (1936): 894-904.

16. James Surowiecki, "Did Lehman Brothers' Failure Matter?", *The New Yorker. com*, 9 de março de 2009; e Steve Stecklow e Diya Gullapalli, "A Money-Fund Manager's Fateful Shift", *Wall Street Journal*, 8 de dezembro de 2008.

17. Michael E. Kerr e Murray Bowen, *Family Evaluation: The Role of the Family as an Emotional Unit that Governs Individual Behavior and Development* (Nova York: W.W. Norton & Company, 1988).

18. A. Bruce Steinwald, "Primary Care Professionals: Recent Supply Trends, Projections, and Valuation of Services", *Testimony Before the Committee on Health Education, Labor, and Pensions, U.S. Senate*, 12 de fevereiro de 2008.

19. Boris Groysberg, Ashish Nanda e Nitin Nohria, "The Risky Business of Hiring Stars", *Harvard Business Review*, maio de 2004, 92-100; e Ulrike Malmendier e Geoffrey Tate, "Superstar CEOs", trabalho nº 14140, NBER, junho de 2008.
20. Groysberg, Nanda e Nohria, "The Risky Business of Hiring Stars"; e Boris Groysberg, Lex Sant e Robin Abrams, "How to Minimize the Risks of Hiring Outside Stars", *Wall Street Journal*, 22 de setembro de 2008.
21. Geoffrey B. West e James H. Brown, "Life's Universal Scaling Laws", *Physics Today*, setembro de 2004, 36-42.
22. Charles Perrow, *Normal Accidents: Living with High-Risk Technologies* (Princeton, NJ: Princeton University Press, 1999). Veja também Richard Bookstaber, *A Demon of Our Own Design: Markets, Hedge Funds, and the Perils of Financial Innovation* (Nova York: John Wiley & Sons, 2007); e Laurence Gonzales, *Deep Survival: Who Lives, Who Dies, and Why* (Nova York: W.W. Norton, 2003), 93-109.
23. John D. Sterman, *Business Dynamics: Systems Thinking and Modeling for a Complex World* (Boston: Irwin McGraw-Hill, 2000).
24. John D. Sterman, "Teaching Takes Off: Flight Simulations for Management Education", http://web.mit.edu/jsterman/www/SDG/beergame.html.
25. Jay W. Forrester, "Counterintuitive Behavior of Social Systems", *Testimony Before the Subcommittee on Urban Growth of the Committee on Banking and Currency, U.S. House of Representatives*, 7 de outubro de 1970.
26. Dhananjay K. Gode e Shyam Sunder, "Allocative Efficiency of Markets with Zero Intelligence Traders: Market as a Partial Substitute for Individual Rationality", *The Journal of Political Economy* 101, nº 1 (1993): 119-137.

Capítulo 6 – Evidência das circunstâncias
Como terceirizar o Dreamliner tornou-se o pesadelo da Boeing

1. Frank J. Sulloway, *Born to Rebel: Birth Order, Family Dynamics, and Creative Lives* (Nova York: Pantheon, 1996).

2. Rex Dalton, "Quarrel Over Book Leads to Call For Misconduct Inquiry", *Nature* 431 (21 de outubro de 2004): 889; Judith Rich Harris, *The Nurture Assumption: Why Children Turn Out the Way They Do* (Nova York: Free Press, 1998), 365-378; Frederic Townsend, "Birth Order and Rebelliousness: Reconstructing the Research in *Born to Rebel*", *Politics and the Life Sciences* 19, nº 2 (2000): 135-156; Steven Pinker, *The Blank Slate: The Modern Denial of Human Nature* (Nova York: Viking, 2002), 389-390; e Judith Rich Harris, *No Two Alike: Human Nature and Human Individuality* (Nova York: W.W. Norton & Company, 2006), 83-114.
3. John Horgan, *The Undiscovered Mind: How the Human Brain Defies Replication, Medication, and Explanation* (Nova York: Free Press, 1999), 192.
4. Susan Goldsmith, "Frank's War", *East Bay Express*, 28 de abril de 2004.
5. Philip Zimbardo, *The Lucifer Effect: Understanding How Good People Turn Evil* (Nova York: Random House, 2007); Cécile Ernst e Jules Angst, *Birth Order: Its Influence on Personality* (Berlim: Springer-Verlag, 1983), 284; e Jeremy Freese, Brian Powell e Lala Carr Steelman, "Rebel Without a Cause or Effect: Birth Order and Social Attitudes", *American Sociological Review* 64, nº 2 (1999): 207-231.
6. Paul R. Carlile e Clayton M. Christensen, "The Cycles of Theory Building in Management Research", Harvard Business School Working Paper Series, nº 05-057, 2005; e Barney G. Glaser e Anselm L. Strauss, *The Discovery of Grounded Theory: Strategies for Qualitative Research* (New Brunswick, NJ: Aldine, 1967).
7. Dominic Gates, "Boeing May Junk Worldwide Assembly for Next Jet", *Seattle Times*, 1º de novembro de 2007; James Wallace, "Boeing Executive Faults Some 787 Suppliers", *Seattle Post-Intelligencer*, 1º de novembro de 2007; J. Lynn Lunsford, "Boeing Scramble to Repair Problems With New Plane", *Wall Street Journal*, 7 de dezembro de 2007; e J. Lynn Lunsford, "Outsourcing at Crux of Boeing Strike", *Wall Street Journal*, 8 de setembro de 2008.
8. Clayton M. Christensen, Matt Verlinden e George Westerman, "Disruption, Disintegration and the Dissipation of Differentiability", *Industrial and Corpo-*

rate Change 11, nº 5 (2002): 955-993; e Carliss Y. Baldwin e Kim B. Clark, *Design Rules: The Power of Modularity* (Cambridge: MIT Press, 2000).

9. Para obter um tratamento formal do jogo de Blotto veja Brian Roberson, "The Colonel Blotto Game", *Economic Theory* 29, nº 1 (2006): 1-24; para uma discussão mais informal veja Scott E. Page, *The Difference: How the Power of Diversity Creates Better Groups, Firms, Schools, and Societies* (Princeton, NJ: Princeton University Press, 2007), 112-114; e Jeffrey Kluger, *Simplexity: Why Simple Things Become Complex* (e *How Complex Things Can Be Made) Simple* (Nova York: Hyperion, 2008), 183-185.

10. Russell Golman e Scott E. Page, "General Blotto: Games of Allocative Strategic Mismatch", *Public Choice*, 138, nº 3 (2009): 279-299.

11. Para este exemplo selecionei uma razão Xa/Xb de 0,13. Ao usar o Teorema 3 de Roberson, "The Colonel Blotto Game", o retorno esperado é 2,5% quando *n* é igual a 9. Usando o Teorema 2, o retorno esperado é 6,7% quando *n* é igual a 15.

12. Eli Ben-Naim, Federico Vazquez e Sidney Redner, "Parity and Predictability of Competitions", *Journal of Quantitative Analysis in Sports* 2, nº 4 (2006): 1-12.

13. O professor Jonathan Partington promoveu um torneio de 100 pontos e dez campos de batalha em 1990. Ele verificou que as estratégias eram altamente não transitivas. Das mais de 100 entradas, Paul Taylor foi o vencedor. Sua estratégia foi (17, 3, 17, 3, 17, 3, 17, 3, 17, 3). Veja http://www.amsta.leeds.ac.uk/~pmt6jrp/personal/blotto.html.

14. Baseado em Page, *The Difference*, 113.

15. David J. Leinweber, "Stupid Data Miner Tricks: Overfitting the S&P 500", *The Journal of Investing*, 16, nº 1 (2007): 15-22; e Phil Rosenzweig, *The Halo Effect ... and the Eight Other Business Delusions That Deceive Managers* (Nova York: Free Press, 2007), 72-75.

16. Judea Pearl, *Causality: Models, Reasoning, and Inference* (Cambridge: Cambridge University Press, 2000); Stephen L. Morgan e Christopher Winship, eds., *Counterfactuals and Causal Inference: Methods and Principles for Social Re-*

search (Cambridge: Cambridge University Press, 2007); e Paul R. Rosenbaum, *Observational Studies*, 2ª ed. (Nova York: Springer, 2002).

17. David A. Kenny, *Correlation and Causality* (Nova York: John Wiley & Sons, 1979); e B. Shannon, J. Peacock, e M. J. Brown, "Body fatness, television viewing and calorie-intake of a sample of Pennsylvania sixth grade children", *Journal of Nutrition Education* 23, nº 6 (1991): 262-268.

18. Jared Diamond, *Collapse: How Societies Choose to Fail or Succeed* (Nova York: Viking, 2005), 211–276.

19. Clayton M. Christensen, *The Innovator's Dilemma: When New Technologies Cause Great Companies to Fail* (Boston: Harvard Business School Press, 1997); e correspondência pessoal do autor com Thomas Thurston.

20. Eric D. Beinhocker, *The Origin of Wealth: Evolution, Complexity, and the Radical Remaking of Economics* (Boston: Harvard Business School Press, 2006); e Kathleen M. Eisenhardt e Donald N. Sull, "Strategy as Simple Rules", *Harvard Business Review*, janeiro de 2001, 107-116.

21. David Halberstam, *The Education of a Coach* (Nova York: Hyperion, 2005), 46-51.

Capítulo 7 – Grand Ah-Whooms
Como dez britânicos fizeram a Ponte do Milênio balançar

1. Eu soube inicialmente sobre a Ponte do Milênio por Steve Strogatz. Ver Steven Strogatz, *Sync: The Emerging Science of Spontaneous Order* (Nova York: Hyperion, 2003), 171-176. Ver também Nonie Niesewand, "Will Norman Foster and Anthony Caro Cross the Thames in a Blade of Light?", *The Independent*, 25 de setembro de 1997.

2. Pat Dallard, Tony Fitzpatrick, Anthony Flint, Angus Low, Roger Ridsdill Smith, Michael Willford e Mark Roche, "London Millennium Bridge: Pedestrian-Induced Lateral Vibration", *Journal of Bridge Engineering* 6, nº 6 (2001): 412–417; e Deyan Sudjic, *Blade of Light: The Story of London's Millennium Bridge* (Londres: Penguin Books, 2001).

3. Andy Beckett, "Shaken Not Sturdy", *The Guardian*, 18 de julho de 2000.
4. Philip Ball, *Critical Mass: How One Thing Leads to Another* (Nova York: Farrar, Straus and Giroux, 2004), 80-97. Ball usa a expressão "grand ah-whoom" cunhado por Kurt Vonnegut em seu livro *Cat's Cradle*. Veja também Malcolm Gladwell, *The Tipping Point: How Little Things Can Make a Big Difference* (Nova York: Little, Brown and Company, 2000).
5. Per Bak, *How Nature Works: The Science of Self-Organized Criticality* (Nova York: Springer-Verlag, 1996); e John H. Holland, *Hidden Order: How Adaption Builds Complexity* (Reading, MA: Addison-Wesley, 1995), 39-40.
6. Steven H. Strogatz, Daniel M. Abrams, Allan McRobie, Bruno Eckhardt e Edward Ott, "Crowd Synchrony on the Millennium Bridge"; *Nature* 483, 3 de novembro de 2005): 43-44.
7. Neal J. Roese e James M. Olsen, eds., *What Might Have Been: The Social Psychology of Counterfactual Thinking* (Mahwah, NJ: Lawrence Erlbaum Associates, 1994).
8. M. E. J. Newman, "Power Laws, Pareto Distributions and Zipf's Law", *arXiv:condmat*, 29 de maio de 2006; Chris Anderson, *The Long Tail: Why the Future of Business is Selling Less of More* (Nova York: Hyperion, 2006); e Arthur DeVany, *Hollywood Economics: How Extreme Uncertainty Shapes the Film Industry* (Nova York: Routledge, 2004).
9. Nassim Nicholas Taleb, *The Black Swan: The Impact of the Highly Improbable* (Nova York: Random House, 2007), xvii-xviii.
10. James Surowiecki, *The Wisdom of Crowds: Why the Many Are Smarter Than the Few and How Collective Wisdom Shapes Business, Economies, Societies, and Nations* (Nova York: Doubleday and Company, 2004).
11. Blake LeBaron, "Financial Market Efficiency in a Coevolutionary Environment", *Proceedings of the Workshop on Simulation of Social Agents: Architectures and Institutions, Argonne National Laboratory and University of Chicago*, outubro de 2000, Argonne 2001, 33-51; Paul Ehrlich e Brian Walker, "Rivets and Redundancy", *BioScience* 48, n° 5 (1998): 387; Robert

M. May, *Complexity and Stability in Model Ecosystems* (Princeton, NJ: Princeton University Press, 1974); e Robert M. May, Simon A. Levin e George Sugihara, "Ecology for Bankers", *Nature* 451 (21 de fevereiro de 2008): 893-895.

12. Bertrand Russell, *The Problems of Philosophy* (Oxford: Oxford University Press, 1959); Taleb, *The Black Swan,* 40-41; e Hyman P. Minsky, *Stabilizing an Unstable Economy* (New Haven, CT: Yale University Press, 1986). Para obter um exemplo de como os investidores extrapolam veja Hersh Shefrin, *Behavioral Corporate Finance: Decisions That Create Value* (Nova York: McGraw Hill, 2007), 66-68.

13. Francesco Guerrera, "Merrill Losses Wipe Away Longtime Profits", *Financial Times*, 28 de agosto de 2008.

14. Karl Duncker, "On Problem Solving", *Psychological Monographs* 58, nº 270 (1945); Paul J. Feltovich, Rand J. Spiro e Richard L. Coulsen, "Issues of Expert Flexibility in Contexts Characterized by Complexity and Change", em *Expertise in Context: Human and Machine,* ed. Paul J. Feltovich, Kenneth M. Ford e Robert R. Hoffman (Menlo Park, CA, e Cambridge, MA: AAAI Press e MIT Press, 1997), 125-146. Taleb, *The Black Swan,* discute um conceito semelhante que ele chama de "falácia lúdica".

15. Donald MacKenzie, *An Engine, Not a Camera: How Financial Models Shape Markets* (Cambridge: MIT Press, 2006).

16. Benoit Mandelbrot, "The Variation of Certain Speculative Prices", em *The Random Character of Stock Market Prices,* ed. Paul H. Cootner, (Cambridge: MIT Press, 1964), 369-412. Este também é o principal tema de Taleb, *The Black Swan.* Veja também Benoit Mandelbrot e Richard L. Hudson. *The (Mis)Behavior of Markets* (Nova York: Basic Books, 2004).

17. Paul H. Cootner, "Comments on The Variation of Certain Speculative Prices", em Cootner, *The Random Character of Stock Market Prices,* 413-418.

18. Philip Mirowski, *The Effortless Economy of Science?* (Durham, NC: Duke University Press, 2004), 232.

19. Felix Salmon, "Recipe for Disaster: The Formula That Killed Wall Street", *Wired Magazine*, março de 2009, 74-79, 112; e MacKenzie, *An Engine, Not a Camera*, 223 e 233.
20. Stephen Jay Gould, *Wonderful Life: The Burgess Shale and the Nature of History* (Nova York: W.W. Norton & Company, 1989), 292-323.
21. Matthew J. Salganik, Peter Sheridan Dodds e Duncan J. Watts, "Experimental Study of Inequality and Unpredictability in an Artificial Cultural Market", *Science* 311 (10 de fevereiro de 2006): 854-856. Para ter uma visão da imprensa popular veja Duncan J. Watts, "Is Justin Timberlake a Product of Cumulative Advantage?", *New York Times Magazine*, 15 de abril de 2007.
22. Paul Pierson, *Politics in Time: History, Institutions, and Social Analysis* (Princeton, NJ: Princeton University Press, 2004); e W. Brian Arthur, *Increasing Returns and Path Dependence in the Economy* (Ann Arbor, MI: University of Michigan Press, 1994).
23. Scott E. Page, "Path Dependence", *Quarterly Journal of Political Science* 1, nº 1 (2006): 87-115.
24. Arthur, *Increasing Returns and Path Dependence in the Economy*; Gladwell, *The Tipping Point*; e Richard Brodie, *Virus of the Mind: The New Science of the Meme* (Seattle, WA: Integral Press, 1996).
25. Para obter informações sobre o mercado de ações consulte Didier Sornette, *Why Stock Markets Crash: Critical Events in Complex Financial Systems* (Princeton, NJ: Princeton University Press, 2003); para atos terroristas veja Aaron Clauset e Maxwell Young, "Scale Invariance in Global Terrorism", *arXiv:physics*, 1º de maio de 2005; e para grade elétrica veja Jie Chen, James S. Thorp e Ian Dobson, "Cascading Dynamics and Mitigation Assessment in Power System Disturbances Via a Hidden Failure Model", *Electrical Power and Energy Systems* 27 (2005): 318-326.
26. Shankar Vedantam, "Vote Your Conscience. If You Can", *Washington Post*, 31 de outubro de 2007, A3.
27. Edward O. Thorp, *The Mathematics of Gambling* (Hollywood, CA: Gambling Times, 1984); J. L. Kelly Jr., "A New Interpretation of Information Rate", *Bell*

System Technical Journal, 1956, 917-926; e William Poundstone, *Fortune's Formula: The Untold Story of the Unscientific Betting System that Beat The Casinos and Wall Street* (Nova York: Hill and Wang, 2005).

28. Michael Lewis, "The Natural-Catastrophe Casino", *New York Times Magazine,* 26 de agosto de 2007.
29. Jason Zweig, "Peter Bernstein Interview: He May Know More About Investing than Anyone Alive", *Money Magazine,* novembro de 2004, 143-148.

Capítulo 8 – Separando sorte de técnica
Por que os investidores são ótimos em comprar na alta e vender na baixa

1. Tyler Kepner, "With Only 150 Games to Go, Steinbrenner Checks In", *New York Times,* 18 de abril de 2005.
2. Stephen M. Stigler, *Statistics on the Table: The History of Statistical Concepts and Methods* (Cambridge: Harvard University Press, 1999), 173-188.
3. Michael Bulmer, *Francis Galton: Pioneer of Heredity and Biometry* (Baltimore, MD: John Hopkins University Press, 2003), 212-215.
4. Francis Galton, "Regression towards Mediocrity in Hereditary Stature", *Journal of the Anthropological Institute* 15 (1886): 252; Francis Galton, *Natural Inheritance* (Londres: MacMillan, 1889); e Peter L. Bernstein, *Against the Gods: The Remarkable Story of Risk* (Nova York: John Wiley & Sons, 1996), 152-171.
5. Para obter um relato excelente sobre o trabalho de Galton veja Stephen M. Stigler, *The History of Statistics: The Measurement of Uncertainty before 1990* (Cambridge: Harvard University Press, 1986), 265-299.
6. Stigler, *Statistics on the Table.*
7. Veja http://www.edge.org/images/Kahneman_large.jpg.
8. Amit Goyal e Sunil Wahal, "The Selection and Termination of Investment Management Firms by Plan Sponsors", *The Journal of Finance* 63, nº 4 (2008): 1805-1847.
9. Michael Mauboussin, "Where Fools Rush In", *Time,* 4 de novembro de 2006, A44.

10. Michael J. Mauboussin, "Common Errors in DCF Models", *Mauboussin on Strategy*, 23 de março de 2006.
11. Horace Secrist, *The Triumph of Mediocrity in Business* (Evanston, IL: Bureau of Business Research, Northwestern University, 1933). Esta discussão foi divulgada por Stigler, *Statistics on the Table*.
12. Em alguns casos as empresas podem ter retornos crescentes durante algum tempo. Veja W. Brian Arthur, "Increasing Returns and the New World of Business", *Harvard Business Review*, julho-agosto de 1996, 101-109; e Carl Shapiro e Hal Varian, *Information Rules: A Strategic Guide to the Network Economy* (Boston: Harvard Business School Press, 1998).
13. Harold Hotelling, "Reviewed work: *The Triumph of Mediocrity in Business* by Horace Secrist", *Journal of the American Statistical Association* 28, nº 184 (1933): 463-465.
14. Stephen M. Stigler, "Milton Friedman and Statistics", em *The Collected Writings of Milton Friedman*, ed. Robert Leeson (Nova York: Routledge, em breve).
15. Jason Zweig, "Do You Sabotage Yourself? Daniel Kahneman Has Done More Than Anyone Else to Explain Why Most of Us Make So Many Mistakes as Investors – And What We Can Do About It", *Money*, 1º de maio de 2001, 74-78. Veja também Thomas Gilovich, *How We Know What Isn't So: The Fallibility of Human Reason in Everyday Life* (Nova York: Free Press, 1991), 27-28.
16. Edward L. Thorndike, "A Constant Error in Psychological Ratings", *Journal of Applied Psychology* 4, nº 1 (1920): 469-477.
17. Phil Rosenzweig, *The Halo Effect ... and the Eight Other Business Delusions That Deceive Managers* (Nova York: Free Press, 2007).
18. Phil Rosenzweig, "The Halo Effect and Other Managerial Delusions", *The McKinsey Quarterly*, fevereiro de 2007, 77-55.
19. Dan Bilefsky e Anita Raghavan, "Blown Fuse: How 'Europe's GE' and Its Star CEO Tumbled to Earth", *Wall Street Journal*, 23 de janeiro de 2003.
20. Richard Tomlinson e Paola Hjelt, "Dethroning Percy Barnevik", *Fortune International*, 1º de abril de 2002, 38-41.

21. Tom Arnold, John H. Earl Jr. e David S. North, "Are Cover Stories Effective Contrarian Indicators?", *Financial Analysts Journal* 63, nº 2 (2007):70-75. Veja também Alexander Wolff, "SI Flashback: That Old Black Magic", *Sports Illustrated*, 31 de janeiro de 2002.
22. Ray Murphy e Rod Truesdell, eds., *Ron Shandler's Baseball Forecaster 2008* (Roanoke, VA: Shandler Enterprises, 2007), 10-12.
23. Annie Duke, "Testimony before the House Committee on the Judiciary", 14 de novembro de 2007.
24. Amos Tversky e Daniel Kahneman, "Belief in the Law of Small Numbers", *Psychological Bulletin*, 76, nº 2 (1971): 105-110.
25. Michael Lewis, *Moneyball: The Art of Winning an Unfair Game* (Nova York: W.W. Norton & Company, 2003), 274. Veja também Nassim Nicholas Taleb, *Fooled by Randomness: The Hidden Role of Chance in Life and in the Markets*, 2ª ed. (Nova York: Thomson Texere, 2004), 64-68.
26. Michael Bar-Eli, Simcha Avugos e Markus Raab, "Twenty Years of 'Hot Hand' Research: Review and Critique", *Psychology of Sport and Exercise* 7, nº 6 (2006): 525-553.
27. Jerker Denrell, "Why Most People Disapprove of Me: Experience Sampling in Impression Formation", *Psychological Review* 112, nº 4 (2005): 951-978.
28. Stephen Jay Gould, *Full House: The Spread of Excellence from Plato to Darwin* (Nova York: Harmony Books, 1996), 109.

Conclusão – Momento de pensar duas vezes
Como mudar seu processo de tomada de decisões imediatamente

1. John Allen Paulos, *A Mathematician Reads the Newspaper* (Nova York: Basic Books, 1995).
2. Philip Maymin, "Music and the Market: Song and Stock Market Volatility", Estudo preliminar, SSRN, 4 de novembro de 2008.

3. Avinash K. Dixit e Barry J. Nalebuff, *The Art of Strategy: A Game Theorist's Guide to Success in Business and Life* (Nova York: W.W. Norton & Company, 2008).
4. Tadeusz Tyszka e Piotr Zielonka, "Expert Judgments: Financial Analysts Versus Weather Forecasters", *The Journal of Psychology and Financial Markets* 3, nº 3 (2002): 152-160.
5. Philip E. Tetlock, *Expert Political Judgment: Hou Good Is It? How Can We Know?* (Princeton, NJ: Princeton University Press, 2005), 129-143.
6. Josh Waitzkin, *The Art of Learning: A Journey in the Pursuit of Excellence* (Nova York: Free Press, 2007), 212-213.
7. Atul A. Gawande, MD, *et al.*, "A Surgical Checklist to Reduce Morbidity and Mortality in a Global Population", *New England Journal of Medicine* 360, nº 5 (2009): 491-499. Veja também Peter Bevelin, *Seeking Wisdom: From Darwin to Munger*, 3ª ed. (Malmö, Suécia: Post Scriptum AB, 2007), 287-296.
8. Gary Klein, "Performing a Project P*re*mortem", *Harvard Business Review*, setembro de 2007, 18-19; e Deborah J. Mitchell, J. Edward Russo e Nancy Pennington, "Back to the Future: Temporal Perspective in the Explanation of Events", *Journal of Behavioral Decision Making* 2, nº 1 (1989): 25-38.
9. Warren E. Buffett, "Chairman's Letter", *Berkshire Hathaway Annual Report to Shareholders*, 1996.

BIBLIOGRAFIA

Abernathy, Charles M. e Robert M. Hamm. *Surgical Intuition: What It Is and How to Get It.* Filadélfia, PA: Hanley & Belfus, 1995.

Akerlof, George A. e Robert J. Shiller. *Animal Spirits: How Human Psychology Drives the Economy, and Why It Matters For Global Capitalism.* Princeton, NJ: Princeton University Press, 2009.

Alicke, Mark D. e Olesya Govorun. "The Better-Than-Average Effect". Em *The Self in Social Judgment,* editado por Mark D. Alicke, David A. Dunning e Joachim I. Krueger, 85-106. Nova York: Psychology Press, 2005.

Anderson, Camilla. "Iceland Gets Help to Recover from Historic Crisis". *IMF Survey Online,* 2 de dezembro de 2008.

Anderson, Chris. *The Long Tail: Why the Future of Business Is Selling Less of More.* Nova York: Hyperion, 2006.

Anderson, P. W. "More is Different". *Science* 177, nº 4047 (1972): 393-396.

Ariely, Dan. *Predictably Irrational: The Hidden Forces That Shape Our Decisions.* Nova York: Harper, 2008.

Armstrong, J. Scott. "Combining Forecasts". Em *Principles of Forecasting: A Handbook for Researchers and Practitioners,* editado por J. Scott Armstrong, 417-439. Nova York: Springer, 2001.

Armstrong, J. Scott, Monica Adya e Fred Collopy. "Rule-Based Forecasting: Using Judgment in Time-Series Extrapolation". Em *Principles of Forecasting: A Handbook for Researchers and Practitioners,* editado por J. Scott Armstrong, 259-282. Nova York: Springer, 2001.

Arnold, Tom, John H. Earl Jr. e David S. North. "Are Cover Stories Effective Contrarian Indicators?" *Financial Analysts Journal* 63, nº 2 (2007): 70-75.

Arrow, Kenneth J., Robert Forsythe, Michael Gorham, Robert Hahn, Robin Hansen, John O. Ledyard, Saul Levmore, Robert Litan, Paul Milgrom, Forrest D. Nelson, George R. Neumann, Marco Ottaviani, Thomas C. Schelling, Robert J. Shiller, Vernon L. Smith, Erik Snowberg, Cass R. Sunstein, Paul C. Tetlock, Philip E. Tetlock, Hal R. Varian, Justin Wolfers e Eric Zitzewitz. "The Promise of Prediction Markets". *Science* 320 (16 de maio de 2008): 877-878.

Arthur, W. Brian. *Increasing Returns and Path Dependence in the Economy*. Ann Arbor, MI: University of Michigan Press, 1994.

_____. "Increasing Returns and the New World of Business". *Harvard Business Review*, julho-agosto de 1996, 101-109.

Asch, S. E. "Effects of Group Pressure Upon the Modification and Distortion of Judgments". Em *Groups, Leadership and Men*, editado por Harold Guetzkow, 177-190. Pittsburgh, PA: Carnegie Press, 1951.

Ashenfelter, Orley. "Predicting the Quality and Prices of Bordeaux Wines". Estudo Preliminar 4, American Association of Wine Economists, abril de 2007.

Ashton, John F. Em *Six Days: Why Fifty Scientists Choose to Believe in Creation*. Green Forest, AR: Master Books, 2001.

Ayres, Ian. *Super Crunchers: Why Thinking-by-Numbers Is the New Way to be Smart*. Nova York: Bantam Books, 2007.

Bak, Per. *How Nature Works: The Science of Self-Organized Criticality*. Nova York: Springer-Verlag, 1996.

Baldwin, Carliss Y. e Kim B. Clark. *Design Rules: The Power of Modularity*. Cambridge: MIT Press, 2000.

Ball, Philip. *Critical Mass: How One Thing Leads to Another*. Nova York: Farrar, Straus and Giroux, 2004.

Bar-Eli, Michael, Simcha Avugos, Markus Raab. "Twenty Years of 'Hot Hand' Research: Review and Critique". *Psychology of Sport and Exercise* 7, nº 6 (2006): 525-553.

Bargh, John A., Mark Chen e Laura Burrows. "Automaticity of Social Behavior: Direct Effects of Trait Construction and Stereotype Activation on Action", *Journal of Personality and Social Psychology* 71, nº 2 (1996): 230-244.

Barras, Laurent, O. Scaillet e Russ R. Wermers. "False Discoveries in Mutual Fund Performance: Measuring Luck in Estimated Alphas", Robert H. Smith School Research paper RH 06-043, Swiss Finance Institute Research paper 08-18, 1º de setembro de 2008.

Bazerman, Max H. *Judgment in Managerial Decision Making.* 6ª ed. Nova York: John Wiley & Sons, 2006.

Bazerman, Max H. e Michael D. Watkins. *Predictable Surprises: The Disasters You Should Have Seen Coming and How to Prevent Them.* Boston: Harvard Business School Press, 2004.

Bazerman, Max H., George Loewenstein e Don A. Moore. "Why Good Accountants Do Bad Audits". *Harvard Business Review,* novembro de 2002, 97-102.

Beckett, Andy. "Shaken Not Sturdy". *The Guardian,* 18 de julho de 2000.

Beinhocker, Eric D. *The Origin of Wealth: Evolution, Complexity, and the Radical Remaking of Economics.* Boston: Harvard Business School Press, 2006.

Belongia, Michael T. "Predicting Interest Rates: A Comparison of Professional and Market-Based Forecasts". *Federal Reserve Bank of St. Louis,* março de 1987, 9-15.

Ben-Naim, Eli, Federico Vazquez e Sidney Redner. "Parity and Predictability of Competitions". *Journal of Quantitative Analysis in Sports* 2, nº 4 (2006): 1-12.

Berns, Gregory. *Iconoclast: A Neuroscientist Reveals How to Think Differently.* Boston: Harvard Business Press, 2008.

Berns, Gregory S., Jonathan Chappelow, Caroline F. Zink. Giuseppe Pagnoni, Megan Martin-Skurski e Jim Richards. "Neurobiological Correlates of Social Conformity and Independence During Mental Rotation". *Biological Psychiatry* 5, nº 8 (2005): 245-253.

Bernstein, Peter L. *Against the Gods: The Remarkable Story of Risk.* Nova York: John Wiley & Sons, 1996.

Berreby, David. *Us and Them: Understanding Your Tribal Mind.* Nova York: Little, Brown and Company, 2005.

Bevelin, Peter. *Seeking Wisdom: From Darwin to Munger.* 3ª ed. Malmö, Suécia: Post Scriptum AB, 2007.

Blakeslee, Sandra. "What Other People Say May Change What You See". *New York Times*, 28 de junho de 2005.

Bloch, Arthur. *Murphy's Law: The 26th Anniversary Edition*. Nova York: Perigee Trade, 2003.

Bonabeau, Eric. "Don't Trust Your Gut". *Harvard Business Review*, maio de 2003, 116-123.

Bonabeau, Eric, Marco Dorigo e Guy Théraulaz. *Swarm Intelligence: From Natural to Artificial Systems*. Nova York: Oxford University Press, 1999.

Bonabeau, Eric e Guy Théraulaz. "Swarm Smarts". *Scientific American*, março de 2000, 82-90.

Bookstaber, Richard. *A Demon of Our Own Design: Markets, Hedge Funds, and the Perils of Financial Innovation*. Nova York: John Wiley & Sons, 2007.

Bower, Chuck e Frank Frigo. "What Was Coach Thinking?" *New York Times*, 1º de fevereiro de 2009.

Brodie, Richard. *Virus of the Mind: The New Science of the Meme*. Seattle, WA: Integral Press, 1996.

Buchanan, Bruce G., Randall Davis e Edward A. Feigenbaum. "Expert Systems: A Perspective from Computer Science". Em *The Cambridge Handbook of Expertise and Expert Performance*, editado por K. Anders Ericsson, Neil Charness, Paul J. Feltovich e Robert R. Hoffman, 87-103. Cambridge: Cambridge University Press, 2006.

Buehler, Roger, Dale Griffin e Michael Ross. "Inside the Planning Fallacy: The Causes and Consequences of Optimistic Time Predictions". Em *Heuristics and Biases: The Psychology of Intuitive Judgment*, editado por Thomas Gilovich, Dale Griffin e Daniel Kahneman, 250-270. Cambridge: Cambridge University Press, 2002.

Buffett, Warren E. "Chairman's Letter". *Berkshire Hathaway Annual Report to Shareholders*, 1989.

_____. "Chairman's Letter". *Berkshire Hathaway Annual Report to Shareholders*, 1996.

Bulmer, Michael. *Francis Galton: Pioneer of Heredity and Biometry.* Baltimore, MD: The John Hopkins University Press, 2003.

Burger, Jerry M. "Replicating Milgram: Would People Still Obey Today?" *American Psychologist* 64, nº 1 (2009): 1-11.

Camerer, Colin F., Teck-Hua Ho e Juin-Kuan Chong. "A Cognitive Hierarchy Model of Games". *The Quarterly Journal of Economics* 119, nº 3 (2004): 861-898.

Carlile, Paul R. e Clayton M. Christensen. "The Cycles of Theory Building in Management Research", Harvard Business School Working Paper Series, nº 05-057, 2005.

Chase, Alston. *Playing God in Yellowstone: The Destruction of America's First National Park.* Boston: The Atlantic Monthly Press, 1986.

Chen, Jie, James S. Thorp, e Ian Dobson. "Cascading Dynamics and Mitigation Assessment in Power System Disturbances Via a Hidden Failure Model". *Electrical Power and Energy Systems* 27 (2005): 318-326.

Chi, Michelene T. H., Robert Glaser e Marshall Farr, eds. *The Nature of Expertise.* Hillsdale, NJ: Lawrence Erlbaum Associates, 1988.

Christensen, Clayton M. *The Innovators Dilemma: When New Technologies Cause Great Companies to Fail.* Boston: Harvard Business School Press, 1997.

Christensen, Clayton M., Matt Verlinden e George Westerman. "Disruption, Disintegration and the Dissipation of Differentiability". *Industrial and Corporate Change* 11, nº 5 (2002): 955-993.

Chun, Marvin M. e René Marois. "The Dark Side of Visual Attention". *Current Opinion in Neurobiology* 12, nº 2 (2002): 184-189.

Cialdini, Robert B. *Influence: The Psychology of Persuasion.* Rev. ed. Nova York: Quill, 1993.

Clauset, Aaron e Maxwell Young. "Scale Invariance in Global Terrorism", *arXiv physics*, 1º de maio de 2005.

Collins, Jim. *Good to Great: Why Some Companies Make the Leap ... and Others Don't.* Nova York: Harper Business, 2001.

Colvin, Geoff. *Talent is Overrated: What Really Separates World-Class Performers from Everybody Else.* Nova York: Portfolio, 2008.

Cootner, Paul H., ed. *The Random Character of Stock Market Prices*. Cambridge: MIT Press, 1964.

Cootner, Paul H. "Comments on The Variation of Certain Speculative Prices". Em *The Random Character of Stock Market Prices*, editado por Paul H. Cootner, 413-418. Cambridge: MIT Press, 1964.

Copeland, Tom, Tim Koller e Jack Murrin. *Valuation: Measuring and Managing the Value of Companies*, 3ª ed. Nova York: John Wiley & Sons, 2000.

Cowgill, Bo, Justin Wolfers e Eric Zitzewitz. "Using Prediction Markets to Track Information Flows: Evidence from Google". Estudo preliminar, 2008.

Cutler, David M., James M. Poterba e Lawrence H. Summers. "What Moves Stock Prices?" *The Journal of Portfolio Management*, 15, nº 3 (Primavera de 1989): 4-12.

Dallard, Pat, Tony Fitzpatrick, Anthony Flint, Angus Low, Roger Ridsdill Smith, Michael Willford e Mark Roche. "London Millennium Bridge: Pedestrian-Induced Lateral Vibration". *Journal of Bridge Engineering* 6, nº 6 (2001): 412-417.

Dalton, Rex. "Quarrel Over Book Leads to Call For Misconduct Inquiry". *Nature* 431 (21 de outubro de 2004): 889.

Damasio, Antonio. *The Feeling of What Happens: Body and Emotion in the Making of Consciousness*. Nova York: Harcourt Brace & Company, 1999.

Dawes, Robyn M., David Faust e Paul E. Meehl. "Clinical versus Actuarial Judgment". Em *Heuristics and Biases: The Psychology of Intuitive Judgment*. Editado por Thomas Gilovich, Dale Griffin e Daniel Kahneman, 716-729. Cambridge: Cambridge University Press, 2002.

Dawkins, Richard. *The God Delusion*. Boston: Houghton Mifflin Company, 2006.

Deber, Raisa B. "Physicians in Health Care Management: The Patient-Physician Partnership: Decision Making, Problem Solving and the Desire to Participate". *Canadian Medical Association* 151, nº 4 (1994): 423-427.

Denrell, Jerker. "Why Most People Disapprove of Me: Experience Sampling in Impression Formation". *Psychological Review* 112, nº 4 (2005): 951-978.

DeVany, Arthur. *Hollywood Economics: How Extreme Uncertainty Shapes the Film Industry*. Nova York: Routledge, 2004.

Diamond, Jared. *Colapso: Como as sociedades escolhem o fracasso ou o sucesso*. Rio de Janeiro: Record, 2005.

Dixit, Avinash K. e Barry J. Nalebuff. *The Art of Strategy: A Game Theorist's Guide to Success in Business and Life*. Nova York: W.W. Norton & Company, 2008.

Drucker, Peter F. *Management Challenges for the 21st Century*. Nova York: HarperBusiness, 1999.

Duke, Annie. *Testimony before the House Committee on the Judiciary*, 14 de novembro de 2007.

Duncker, Karl. "On Problem Solving". *Psychological Monographs* 58, nº 270 (1945).

Dvorak, Phred. "Best Buy Taps 'Prediction Market'". *Wall Street Journal*, 16 de setembro de 2008.

Dye, Renée. "The Promise of Prediction Markets: A Roundtable", *The McKinsey Quarterly*, nº 2 (2008): 83-93.

Eguiluz, Victor M. e Martin G. Zimmerman. "Transmission of Information and Herd Behavior: An Application to Financial Markets". *Physical Review Letters* 85, nº 26 (2000): 5659-5662.

Ehrlich, Paul e Brian Walker. "Rivets and Redundancy". *BioScience* 48, nº 5 (1998): 387.

Eisenhardt, Kathleen M. e Donald N. Sull. "Strategy as Simple Rules". *Harvard Business Review*, janeiro de 2001, 107-116.

Ellenberg, Jordan. "The Netflix Challenge: This Psychologist Might Outsmart the Math Brains Competing for the Netflix Prize". *Wired Magazine*, março de 2008, 114-122.

Epley, Nicholas e Thomas Gilovich. "The Anchoring-and-Adjustment Heuristic: Why the Adjustments Are Insufficient", *Psychological Science* 17, nº 4 (2006): 311-318.

Ernst, Cécile e Jules Angst. *Birth Order: Its Influence on Personality*. Berlim: Springer-Verlag, 1983.

Fauconnier, Gilles e Mark Turner. *The Way We Think: Conceptual Blending and the Mind's Hidden Complexities*. Nova York: Basic Books, 2002.

Feltovich, Paul J., Rand J. Spiro e Richard L. Coulsen. "Issues of Expert Flexibility in Contexts Characterized by Complexity and Change". Em *Expertise in Context: Human and Machine,* editado por Paul J. Feltovich, Kenneth M. Ford e Robert R. Hoffman. Menlo Park, CA, e Cambridge: AAAI Press e MIT Press, 1997.

Festinger, Leon, Henry W. Riecken e Stanley Schachter. *When Prophecy Fails: A Social and Psychological Study of a Modern Group that Predicted the Destruction of the World.* Mineápolis: University of Minnesota Press, 1956.

Forrester, Jay W. "Counterintuitive Behavior of Social Systems". *Testimony Before the Subcommittee on Urban Growth of the Committee on Banking and Currency, U.S. House of Representatives,* 7 de outubro de 1970.

Freese, Jeremy, Brian Powell e Lala Carr Steelman. "Rebel Without a Cause or Effect: Birth Order and Social Attitudes", *American Sociological Review* 64, nº 2 (1999): 207-231.

French, Kenneth R. "Presidential Address: The Cost of Active Investing". *The Journal of Finance* 63, nº 4 (2008): 1537-1573.

Freymuth, Angela K. e George F. Ronan. "Modeling Patient Decision-Making: The Role of Base-Rate and Anecdotal Information", *Journal of Clinical Psychology in Medical Settings* 11, nº 3 (2004): 211-215.

Galinsky, Adam D. e Thomas Mussweiler. "First Offers as Anchors: The Role of Perspective-Taking and Negotiator Focus". *Journal of Personality and Social Psychology* 81, nº 4 (2001):657-669.

Galton, Francis. "Regression towards Mediocrity in Hereditary Stature". *Journal of the Anthropological Institute* 15 (1886).

_____. *Natural Inheritance.* Londres: MacMillan, 1889.

Gates, Dominic. "Boeing May Junk Worldwide Assembly for Next Jet". *Seattle Times,* 1° de novembro de 2007.

Gawande, Atul. "The Checklist". *The New Yorker,* 10 de dezembro de 2007, 86-95.

_____. "A Lifesaving Checklist". *New York Times,* 30 de dezembro de 2007.

Gawande, Atul A. MD, *et al.* "A Surgical Checklist to Reduce Morbidity and Mortality in a Global Population". *New England Journal of Medicine* 360, nº 5 (2009): 491-499.

Gell-Mann, Murray. *The Quark and the Jaguar: Adventures in the Simple and the Complex*. Nova York: W.H. Freeman, 1994.

Gigerenzer, Gerd. *Gut Feelings: The Intelligence of the Unconscious*. Nova York: Viking, 2007.

Gilbert, Daniel. *Stumbling on Happiness*. Nova York: Alfred A. Knopf, 2006.

Gilovich, Thomas. *How We Know What Isn't So: The Fallibility of Human Reason in Everyday Life*. Nova York: Free Press, 1991.

Gilovich, Thomas, Dacher Keltner e Richard E. Nisbett. *Social Psychology*. Nova York: W.W. Norton & Company, 2006.

Ginsberg, Matthew L. "Computers, Games and the Real World". *Scientific American Presents: Exploring Intelligence* 9, nº 4 (1998), 84-89.

Gladwell, Malcolm. *The Tipping Point: How Little Things Can Make a Big Difference*. Nova York: Little, Brown and Company, 2000.

_____. *Blink: The Power of Thinking Without Thinking*. Nova York: Little, Brown and Company, 2005.

_____. "Most Likely to Succeed: How Do We Hire When We Can't Tell Who's Right for the Job?" *The New Yorker*, 15 de dezembro de 2008, 36-42.

Glaser, Barney G. e Anselm L. Strauss. *The Discovery of Grounded Theory: Strategies for Qualitative Research*. New Brunswick, NJ: Aldine, 1967.

Gode, Dhananjay K. e Shyam Sunder. "Allocative Efficiency of Markets with Zero Intelligence Traders: Market as a Partial Substitute for Individual Rationality". *The Journal of Political Economy* 101, nº 1 (1993): 119-137.

Goldsmith, Susan. "Frank's War". *East Bay Express*, 28 de abril de 2004.

Goldstein, Daniel G., Eric J. Johnson, Andreas Herrmann e Mark Heitmann. "Nudge Your Customers Toward Better Choices". *Harvard Business Review*, dezembro de 2008, 99-105.

Golman, Russell e Scott E. Page. "General Blotto: Games of Allocative Strategic Mismatch". *Public Choice*, 138, nº 3 (2009): 279-299.

Gonzales, Laurence. *Deep Survival: Who Lives, Who Dies, and Why*. Nova York: W.W. Norton & Company, 2003.

_____. *Everyday Survival: Why Smart People Do Stupid Things*. Nova York: W.W. Norton & Company, 2008.

Goodman, Billy. "Thinking about Thinking". Princeton Alumni Weekly, 29 de janeiro de 2003, 26-27.

Goodwin, Doris Kearns. *Team of Rivals: The Political Genius of Abraham Lincoln*. Nova York: Simon & Schuster, 2005.

Gould, Stephen Jay. *Wonderful Life: The Burgess Shale and the Nature of History*. Nova York: W.W. Norton & Company, 1989.

_____. *Full House: The Spread of Excellence from Plato to Darwin*. Nova York: Harmony Books, 1996.

Goyal, Amit e Sunil Wahal. "The Selection and Termination of Investment Management Firms by Plan Sponsors". *The Journal of Finance* 63, nº 4 (2008): 1805-1847.

Graham, John R., Campbell R. Harvey e Shiva Rajgopal. "Value Destruction and Financial Reporting Decisions". *Financial Analysts Journal* 62, nº 6 (2006): 27-39.

Greenspan, Alan. *Testimony to the Committee of Government Oversight and Reform*, 23 de outubro de 2008.

Greenspan, Stephen. "Why We Keep Falling for Financial Scams". *Wall Street Journal*, 3 de janeiro de 2009.

_____. *Annals of Gullibility: Why We Get Duped and How to Avoid It*. Westport, CT: Praeger, 2009.

Groopman, Jerome. *How Doctors Think*. Boston: Houghton Mifflin Company, 2007.

Grove, William M., David H. Zald, Boyd S. Lebow, Beth E. Snitz e Chad Nelson. "Clinical Versus Mechanical Prediction: A Meta-Analysis". *Psychological Assessment* 12, nº 1 (2000): 19-30.

Groysberg, Boris, Ashish Nanda e Nitin Nohria. "The Risky Business of Hiring Stars". *Harvard Business Review*, maio de 2004: 92-100.

Groysberg, Boris, Lex Sant e Robin Abrams. "How to Minimize the Risks of Hiring Outside Stars". *Wall Street Journal*, 22 de setembro de 2008.

Guerrera, Francesco. "Merrill Losses Wipe Away Longtime Profits". *Financial Times*, 28 de agosto de 2008.

Guerrera, Francesco e Julie MacIntosh. "Luck Played Part in Rohm and Haas Deal". *The Financial Times*, 10 de julho de 2008.

Halberstam, David. *The Education of a Coach*. Nova York: Hyperion, 2005.

Hamel, Gary e Bill Breen. *The Future of Management*. Boston: Harvard Business School Press, 2007.

Hansell, Saul. "Google Answer to Filling Jobs Is an Algorithm". *New York Times*, 3 de janeiro de 2007.

Harris, Judith Rich. *The Nurture Assumption: Why Children Turn Out the Way They Do*. Nova York: Free Press, 1998.

_____. *No Two Alike: Human Nature and Human Individuality*. Nova York: W.W. Norton & Company, 2006.

Hastie, Reid e Robyn M. Dawes. *Rational Choice in an Uncertain World*. Thousand Oaks, CA: Sage Publications, 2001.

Hogarth, Robin M. *Educating Intuition*. Chicago: The University of Chicago Press, 2001.

Holland, John H. *Hidden Order: How Adaption Builds Complexity*. Reading, MA: Addison-Wesley, 1995.

Holland, Rob W., Merel Hendriks e Henk Aarts. "Smells Like Clean Spirit: Nonconscious Effects of Scent on Cognition and Behavior". *Psychological Science* 16, nº 9 (2005): 689-693.

Horgan, John. *The Undiscovered Mind: How the Human Brain Defies Replication, Medication, and Explanation*. Nova York: Free Press, 1999.

Hotelling, Harold. "Reviewed work: *The Triumph of Mediocrity in Business* by Horace Secrist". *Journal of the American Statistical Association* 28, nº 184 (1933): 463-465.

Huettel, Scott A., Peter B. Mack e Gregory McCarthy. "Perceiving Patterns in Random Series: Dynamic Processing of Sequence in Prefrontal Cortex". *Nature Neuroscience* 5, nº 5 (2002): 485-490.

James, William. *The Principles of Psychology*, vol. 1. Nova York: Henry Holt & Co., 1890.

Janis, Irving. *Groupthink: Psychological Studies of Policy Decisions and Fiascoes*. 2ª ed. Boston: Houghton Mifflin, 1982.

Jensen, Michael C. "The Performance of Mutual Funds in the Period 1945-1964". *The Journal of Finance* 23, nº 2 (1968): 389-416.

Johnson, Eric J. e Daniel Goldstein. "Do Defaults Save Lives?" *Science* 302 (21 de novembro de 2003): 1338-1339.

Johnson, Steven. *Emergence: The Connected Lives of Ants, Brains, Cities, and Software*. Nova York: Scribner, 2001.

Johnson-Laird, Philip N. *Mental Models*. Cambridge: Harvard University Press, 1983.

_____. "Mental Models and Reasoning". Em *The Nature of Reasoning*, editado por Jacqueline P. Leighton e Robert J. Sternberg, 169-204. Cambridge: Cambridge University Press, 2004.

_____. *How We Reason*. Oxford: Oxford University Press, 2006.

Kahnenan, Daniel. "Maps of Bounded Rationality: A Perspective on Intuitive Judgment and Choice". *Nobel Prize Lecture*, 8 de dezembro de 2002.

Kahneman, Daniel e Amos Tversky. "Prospect Theory: An Analysis of Decision Making Under Risk". *Econometrica* 47, nº 2 (1979): 263-291.

Kahneman, Daniel e Amos Tversky. "Intuitive Prediction: Biases and Corrective Procedures". Em *Judgment Under Uncertainty: Heuristics and Biases*, editado por Daniel Kahneman, Paul Slovic e Amos Tversky, 414-421. Cambridge: Cambridge University Press, 1982.

Kahneman, Danny. "A Short Course in Thinking about Thinking". *Edge.org*, 2007.

Katz, Elihu e Paul F. Lazarsfeld. *Personal Influence: The Part Played by People in the Flow of Mass Communications*. Nova York: Free Press, 1955.

Kaufman, Peter D., ed. *Poor Charlie's Almanack*. Expanded 2ª ed. Virginia Beach. VA: PCA Publication, 2006.

Kelly, J. L., Jr. "A New Interpretation of Information Rate". *Bell System Technical Journal* (1956): 917-926.

Kenny, David A. *Correlation and Causality.* Nova York: John Wiley & Sons, 1979.

Kepner, Tyler. "With Only 150 Games to Go, Steinbrenner Checks In". *New York Times,* 18 de abril de 2005.

Kerr, Michael E. e Murray Bowen. *Family Evaluation: The Role of the Family as an Emotional Unit that Governs Individual Behavior and Development.* Nova York: W.W. Norton & Company, 1988.

Kierkegaard, Søren. *The Diary of Søren Kierkegaard.* Nova York: Carol Publishing Group, 1993

Klein, Gary. *Sources of Power: How People Make Decisions.* Cambridge: MIT Press, 1998.

_____. "Performing a Project Premortem". *Harvard Business Review,* setembro de 2007, 18-19.

Klingberg, Torkel. *The Overflowing Brain: Information Overload and the Limits of Working Knowledge.* Nova York: Oxford University Press, 2009.

Klinger, David. *Into the Kill Zone: A Cop's Eye View of Deadly Force.* São Francisco: Jossey-Bass, 2004.

Kluger, Jeffrey. *Simplexity: Why Simple Things Become Complex (and How Complex Things Can Be Made Simple).* Nova York: Hyperion, 2008.

Kruger, Justin e David Dunning. "Unskilled and Unaware of It: How Difficulties in Recognizing One's Own Incompetence Lead to Inflated Self-Assessments". *Journal of Personality and Social Psychology* 77, nº 6 (1999): 1121-1134.

Kuzmits, Frank E. e Arthur J. Adams. "The NFL Combine: Does It Predict Performance in the National Football League?" *The Journal of Strength and Conditioning Research* 22, nº 6 (2008): 1721-1727.

Langer, Ellen J. "The Illusion of Control". *Journal of Personality and Social Psychology* 32, nº 2 (1975): 311-328.

LeBaron, Blake. "Financial Market Efficiency in a Coevolutionary Environment". *Proceedings of the Workshop on Simulation of Social Agents: Architectures and Institutions Argonne National Laboratory and University of Chicago,* outubro de 2000, Argonne 2001, 33-51.

LeDoux, Joseph. *The Emotional Brain: The Mysterious Underpinnings of Emotional Life*. Nova York: Touchstone, 1996.

Leinweber, David J. "Stupid Data Miner Tricks: Overfitting the S&P 500". *Journal of Investing*, 16, nº 1 (2007): 15-22.

Leonhardt, David. "Why Doctors So Often Get It Wrong". *New York Times*, 22 de fevereiro de 2006.

Lewis, Michael. *Moneyball: The Art of Winning an Unfair Game*. Nova York: W.W. Norton & Company, 2003.

_____. "The Natural-Catastrophe Casino". *New York Times Magazine*, 26 de agosto de 2007.

_____. "Wall Street on the Tundra". *Vanity Fair*. Abril de 2009, 140-147, 173-177.

Loewenstein, George F., Elke U. Weber, Christopher K. Hsee e Ned Welch. "Risk as Feelings". *Psychological Bulletin* 127, nº 2 (2001): 267-286.

Lohr, Steve. "Betting to improve the Odds". *New York Times*, 9 de abril de 2008.

Lovallo, Dan e Daniel Kahneman. "Delusions of Success". *Harvard Business Review*, julho de 2003, 56-63.

Loveman, Gary. "Diamonds in the Data Mine". *Harvard Business Review*, maio de 2003, 109-113.

Lowenstein, Roger. *When Genius Failed: The Rise and Fall of Long-Term Capital Management*. Nova York: Random House, 2000.

Lunsford, J. Lynn. "Boeing Scrambles to Repair Problems with New Plane". *Wall Street Journal*, 7 de dezembro de 2007.

_____. "Outsourcing at Crux of Boeing Strike". *Wall Street Journal*, 8 de setembro de 2005.

MacGregor, Donald G. "Imagery and Financial Judgment". *The Journal of Psychology and Financial Markets* 3, nº 1 (2002): 15-22.

Mack, Arien e Irvin Rock. *Inattentional Blindness*. Cambridge: MIT Press, 1998.

MacKenzie, Donald. *An Engine Not a Camera: How Financial Models Shape Markets*. Cambridge: MIT Press, 2006.

Malhotra, Deepak e Max H. Bazerman. *Negotiation Genius: How to Overcome Obstacles and Achieve Brilliant Results at the Bargaining Table and Beyond.* Nova York: Bantam Books, 2007.

Malkiel, Burton G. "Returns from Investing in Equity Mutual Funds 1971-1991". *The Journal of Finance* 50, nº 2 (1995): 549-572.

Malmendier, Ulrike e Geoffrey Tate. "Superstar CEOs", Estudo preliminar 14140, NBER, junho de 2008.

Mandel, Naomi e Eric J. Johnson. "When Web Pages Influence Choice: Effects of Visual Primes on Experts and Novices". *Journal of Consumer Research* 29, nº 2 (2002): 235-245.

Mandelbrot, Benoit. "The Variation of Certain Speculative Prices". Em *The Random Character of Stock Market Prices,* editado por Paul H. Cootner, 369-412. Cambridge: MIT Press, 1964.

Mandelbrot, Benoit e Richard L. Hudson. *The (Mis)Behavior of Markets.* Nova York: Basic Books, 2004.

March, James G. *A Primer on Decision Making: How Decisions Happen.* Nova York: Free Press, 1994.

Mauboussin, Michael. "Where Fools Rush In". *Time,* 4 de novembro de 2006, A44.

Mauboussin, Michael J. "Common Errors in DCF Models". *Mauboussin on Strategy,* 23 de março de 2006.

_____. "Explaining the Wisdom of Crowds: Applying the Logic of Diversity". *Mauboussin on Strategy,* 20 de março de 2007.

_____. "What Good Are Experts?" *Harvard Business Review,* fevereiro de 2008, 43-44.

May, Robert M. *Complexity and Stability in Model Ecosystems.* Princeton, NJ: Princeton University Press, 1974.

May, Robert M., Simon A. Levin e George Sugihara. "Ecology for Bankers". *Nature* 451 (21 de fevereiro de 2008): 893-895.

Maymin, Philip. "Music and the Market: Song and Stock Market Volatility", Estudo preliminar, SSRN, 4 de novembro de 2008.

McCloskey, Deirdre N. *If You're So Smart: The Narrative of Economic Expertise*. Chicago: University of Chicago Press, 1990.

McClure, Samuel M., David I Laibson, George Loewsenstein e Jonathan D. Cohen. "Separate Neural Systems Value Immediate and Delayed Monetary Rewards", *Science* 306 (15 de outubro de 2004): 503-507.

Meehl, Paul E. *Clinical versus Statistical Prediction: A Theoretical Analysis and a Review of the Evidence*. Mineápolis: University of Minnesota Press, 1954.

Merton, Robert K. "The Unanticipated Consequences of Purposive Social Action". *American Sociological Review* 1, nº 6 (1936): 894-904.

Milgram, Stanley. *Obedience to Authority*. Nova York: Harper & Row, 1974.

Miller, John H. e Scott E. Page. *Complex Adaptive Systems: An Introduction to Computational Models of Social Life*. Princeton, NJ: Princeton University Press, 2007.

Miller, Peter. "The Genius of Swarms". *National Geographic*, julho de 2007, 126-147.

Minsky, Hyman P. *Stabilizing an Unstable Economy*. New Haven, CT: Yale University Press, 1986.

Mirowski, Philip. *The Effortless Economy of Science?* Durham, NC: Duke University Press, 2004.

Mitchell, Deborah J., J. Edward Russo e Nancy Pennington. "Back to the Future: Temporal Perspective in the Explanation of Events". *Journal of Behavioral Decision Making* 2, nº 1 (1989): 25-38.

Moore, Don A., Philip E. Tetlock, Lloyd Tanlu e Max H. Bazerman. "Conflicts of Interest and the Case of Auditor Independence: Moral Seduction and Strategic Issue Cycling". *Academy of Management Review* 31, nº 1 (2006): 10-29.

Morgan, Stephen L. e Christopher Winship, eds. *Counterfactuals and Causal Inference: Methods and Principles for Social Research*. Cambridge: Cambridge University Press, 2007.

Morris, Michael W. e Kaiping Peng. "Culture and Cause: American and Chinese Attributions for Social and Physical Events". *Journal of Personality and Social Psychology* 67, nº 6 (1994): 949-971.

Murphy, Ray e Rod Truesdell, eds. *Ron Shandler's Baseball Forecaster 2008*. Roanoke, VA: Shandler Enterprises, 2007.

Myers, David G. *Intuition: Its Powers and Perils*. New Haven, CT: Yale University Press, 2002.

Nagel, Rosemarie. "Unraveling in Guessing Gaines: An Experimental Study". *American Economic Review* 85, nº 5 (1995): 1313-1326.

Nakamoto, Michiyo e David Wighton. "Citigroup Chief Stays Bullish on Buy-Outs". *The Financial Times*, 9 de julho de 2007.

Newman, M. E. J. "Power Laws, Pareto Distributions and Zipf's Law". *arXiv:cond-mat*, 29 de maio de 2006.

Nickerson, Raymond S. "Confirmation Bias: A Ubiquitous Phenomenon in Many Guises". *Review of General Psychology* 2, nº 2 (1998): 175-220.

Niesewand, Nonie. "Will Norman Foster and Anthony Caro Cross the Thames in a Blade of Light?" *The Independent*, 25 de setembro de 1997.

Nisbett, Richard E. *The Geography of Thought: How Asians and Westerners Think Differently... and Why*. Nova York: Free Press, 2003.

North, Adrian C., David J. Hargreaves e Jennifer McKendrick. "In-store Music Affects Product Choice". *Nature* 390 (13 de novembro de 2007): 13.

Nocera, Joe. "On Oil Supply, Opinions Aren't Scarce". *New York Times*, 10 de setembro de 2005.

Northcraft, Gregory B. e Margaret A. Neale. "Experts, Amateurs, and Real Estate: An Anchoring-and-Adjustment Perspective on Property Pricing Decisions". *Organizational Behavior and Human Decision Processes* 39, nº 1(1987): 84-97.

O'Halloran, Ryan. "A 'Foregone Conclusion'?" *Washington Times*, 30 de maio de 2008.

Page, Scott E. "Path Dependence". *Quarterly Journal of Political Science* 1. nº 1 (2006): 87-115.

_____. *The Difference: How the Power of Diversity Creates Better Groups, Firms, Schools, and Societies*. Princeton, NJ: Princeton University Press, 2007.

Paulos, John Allen. *A Mathematician Reads the Newspaper*. Nova York: Basic Books, 1995.

Pearl, Judea. *Causality: Models, Reasoning, and Inference.* Cambridge: Cambridge University Press, 2000.

Pedulla, Tom. "Big Brown Makes His Run at Immortality". *USA Today,* 6 de junho de 2008.

Perrow, Charles. *Normal Accidents: Living with High-Risk Technologies.* Princeton, NJ: Princeton University Press, 1999.

Pierson, Paul. *Politics in Time: History, Institutions, and Social Analysis.* Princeton, NJ: Princeton University Press, 2004.

Pinker, Steven. *How the Mind Works.* Nova York: W.W Norton & Company, 1997.

_____. *The Blank Slate: The Modern Denial of Human Nature.* Nova York: Viking, 2002.

Plassmann, Hilke, John O'Doherty, Baba Shiv e Antonio Rangel. "Marketing Actions Can Modulate Neural Representations of Experienced Pleasantness". *Proceedings of the National Academy of Sciences* 105, nº 3 (2008): 1050-1054.

Plott, Charles R. e Vernon L. Smith, eds. *Handbook of Experimental Economics Results:* vol. 1. Amsterdã: North-Holland, 2008.

Poundstone, William. *Fortune's Formula: The Untold Story of the Unscientific Betting System That Beat the Casinos and Wall Street.* Nova York: Hill and Wang, 2005.

Pronovost, Peter. "Testimony before Government Oversight Committee", 16 de abril de 2008.

Rappaport, Alfred e Michael J. Mauboussin. *Expectations Investing: Reading Stock Prices for Better Returns.* Boston: Harvard Business School Press, 2001.

Reason, James. *Human Error.* Cambridge: Cambridge University Press, 1990.

Redelmeier, Donald A., Paul Rozin e Daniel Kahneman. "Understanding Patients' Decisions: Cognitive and Emotional Perspectives". *The Journal of the American Medical Association* 270, nº 1(1993): 72-76.

Roberson, Brian. "The Colonel Blotto Game". *Economic Theory* 29, nº 1 (2006): 1-24.

Roese, Neal J. e James M. Olsen, eds. *What Might Have Been: The Social Psychology of Counterfactual Thinking.* Mahwah, NJ: Lawrence Erlbaum Associates, 1994.

Romer, David. "Do Firms Maximize? Evidence from Professional Football". *The Journal of Political Economy* 114, nº 2 (2006): 340-365.

Rosenbaum, Paul R. *Observational Studies*, 2ª ed. Nova York: Springer, 2002.

Rosenzweig, Phil. *The Halo Effect ... and the Eight Other Business Delusions That Deceive Managers*. Nova York: Free Press, 2007.

_____. "The Halo Effect and Other Managerial Delusions". *The McKinsey Quarterly*, nº 1 (fevereiro de 2007): 77-85.

Ross, Lee. "The Intuitive Psychologist and His Shortcomings". Em *Advances in Experimental Social Psychology*, editado por Leonard Berkowitz. 173-220. Nova York: Academic Press, 1977.

Russell, Bertrand. *The Problems of Philosophy*, Oxford: Oxford University Press, 1959.

Russo, J. Edward e Paul J. H. Schoemaker. *Winning Decisions: Getting It Right the First Time*. Nova York: Doubleday, 2002.

Salganik, Matthew J., Peter Sheridan Dodds e Duncan J. Watts. "Experimental Study of Inequality and Unpredictability in an Artificial Cultural Market". *Science* 311 (10 de fevereiro de 2006): 854–856.

Salmon, Felix. "Recipe for Disaster: The Formula That Killed Wall Street". *Wired Magazine*, março de 2009, 74–79, 112.

Sapolsky, Robert M. *Why Zebras Don't Get Ulcers: An Updated Guide to Stress, Stress-Related Disease, and Coping*. Nova York: W.H. Freeman and Company, 1994.

Schelling, Thomas C. *Micromotives and Macrobehavior*. Nova York: W.W. Norton Company, 1978.

Schultz, Steven. "Freshman Learn About Thinking from Nobel Laureate". *Princeton Weekly Bulletin* 94, nº 3 (2004).

Secrist, Horace. *The Triumph of Mediocrity in Business*. Evanston, IL: Bureau of Business Research, Northwestern University, 1933.

Seeley. Thomas D. *The Wisdom of the Hive*. Cambridge: Harvard University Press, 1995.

Seeley, Thomas D., P. Kirk Visscher e Kevin M. Passino. "Group Decision Making in Honey Bee Swarms". *American Scientist* 94, nº 3 (2006): 220-229.

Seeley, Thomas D. e P. Kirk Visscher. "Sensory Coding of Nest-site Value in Honeybee Swarms". *The Journal of Experimental Biology* 211, nº 23 (2008): 3691-3697.

Shannon, B., J. Peacock e M. J. Brown. "Body fatness, television viewing and calorie-intake of a sample of Pennsylvania sixth grade children". *Journal of Nutrition Education* 23, nº 6 (1991): 262-268.

Shapiro, Carl e Hal Varian. *Information Rules: A Strategic Guide to the Network Economy.* Boston: Harvard Business School Press, 1998.

Shefrin, Hersh. *Behavioral Corporate Finance: Decisions That Create Value.* Nova York: McGraw-Hill, 2007.

Simon, Herbert A. "The Architecture of Complexity". *Proceedings of the American Philosophical Society* 106, nº 6 (1962): 467-482.

_____. *The Sciences of the Artificial,* 3ª ed. Cambridge: MIT Press, 1996.

Simons, Daniel J. e Christopher F. Chabris. "Gorillas in Our Midst: Sustained Inattentional Blindness for Dynamic Events". *Perception* 28, nº 9 (1999): 1059-1074.

Sirower, Mark L. *The Synergy Trap: How Companies Lose the Acquisition Game.* Nova York: Free Press, 1997.

Slovic, Paul, Melissa Finucane, Ellen Peters e Donald G. MacGregor. "The Affect Heuristic". Em *Heuristics and Biases: The Psychology of Intuitive Judgment,* editado por Thomas Gilovich, Dale Griffin e Daniel Kahneman, 397-420. Cambridge: Cambridge University Press, 2002.

Smith, Douglas W. e Gary Ferguson. *Decade of the Wolf: Returning the Wild to Yellowstone.* Guilford, CT: The Lyons Press, 2005.

Smith, Vernon L. *Rationality in Economics: Constructivist and Ecological Forms.* Cambridge: Cambridge University Press, 2008.

Sornette, Didier. *Why Stock Markets Crash: Critical Events in Complex Financial Systems.* Princeton, NJ: Princeton University Press, 2003.

Stanovich, Keith E. *What Intelligence Tests Miss: The Psychology of Rational Thought.* New Haven, CT: Yale University Press, 2009.

Stecklow, Steve e Diya Gullapalli. "A Money-Fund Manager's Fateful Shift". *Wall Street Journal*, 8 de dezembro de 2008.

Steinwald, A. Bruce. "Primary Care Professionals: Recent Supply Trends, Projections, and Valuation of Services". *Testimony Before the Committee on Health Education, Labor and Pensions, U.S. Senate*, 12 de fevereiro de 2008.

Sterman, John P. *Business Dynamics: Systems Thinking and Modeling for a Complex World.* Boston: Irvin McGraw-Hill, 2000.

Sterman, John D. e Linda Booth Sweeney. "Managing Complex Dynamic Systems: Challenge and Opportunity for Naturalistic Decision-Making Theory". Em *How Professionals Make Decisions*, editado por Henry Montgomery, Raanan Lipshitz e Berndt Brehner, 57-90. Mahway, NJ: Lawrence Erlbaum Associates, 2005.

Stigler, Stephen M. *The History of Statistics: The Measurement of Uncertainty before 1990.* Cambridge: Harvard University Press, 1986.

_____. *Statistics on the Table: The History of Statistical Concepts and Methods.* Cambridge: Harvard University Press, 1999.

_____. "Milton Friedman and Statistics". Em *The Collected Writings of Milton Friedman,* editado por Robert Leeson. Nova York: Routledge, a ser publicado.

Strogatz, Steven. *Sync: The Emerging Science of Spontaneous Order.* Nova York: Hyperion, 2003.

Strogatz, Steven H., Daniel M. Abrams, Allan McRobie, Bruno Eckhardt e Edward Ott. "Crowd Synchrony on the Millennium Bridge". *Nature* 483 (3 de novembro de 2005): 43-44.

Sudjic, Deyan. *Blade of Light: The Story of London's Millennium Bridge.* Londres: Penguin Books, 2001.

Sulloway, Frank J. *Born to Rebel: Birth Order, Family Dynamics, and Creative Lives.* Nova York: Pantheon, 1996.

Sunder, Shyam. "Relationship Between Accounting Changes and Stock Prices: Problems of Measurement and Some Empirical Evidence". *Journal of Accounting Research: Empirical Research in Accounting: Selected Studies 1973* 11(1973): 1-45.

Sunstein, Cass R. *Why Societies Need Dissent*. Cambridge: Harvard University Press, 2003.

_____. *Infotopia: How Many Minds Produce Knowledge*. Oxford: Oxford University Press, 2006.

Surowiecki, James. *The Wisdom of Crowds: Why the Many Are Smarter Than the Few and How Collective Wisdom Shapes Business, Economies, Societies, and Nations*. Nova York: Dubleday and Company, 2004.

_____. "Did Lehman Brothers' Failure Matter?" *The New Yorker.com*, 9 de março de 2009.

Taleb, Nassim Nicholas. *Fooled by Randomness: The Hidden Role of Chance in Life and in the Markets*. 2ª ed. Nova York: Thomson Texere, 2004.

_____. *The Black Swan: The Impact of the Highly Improbable*. Nova York: Random House, 2007.

Tavris, Carol e Elliot Aronson. *Mistakes Were Made (but not by me): Why We Justify Foolish Beliefs, Bad Decisions, and Hurtful Acts*. Orlando, FL: Harcourt, Inc., 2007.

Taylor, Shelley E. e Jonathan D. Brown. "Illusion and Well-Being: A Social Psychological Perspective on Mental Health". *Psychological Bulletin* 103, nº 2 (1988): 193-210.

Tetlock, Philip E. *Expert Political Judgment: How Good Is It? How Can We Know?* Princeton, NJ: Princeton University Press, 2005.

Thaler, Richard H. "Anomalies: The Winner s Curse". *The Journal of Economic Perspectives* 2, nº 1 (1988): 191-202.

_____. "Anomalies: The Ultimatum Game". *The Journal of Economic Perspectives* 2, nº 4 (1988): 195-206.

_____. "From Homo Economicus to Homo Sapiens". *The Journal of Economic Perspectives* 14, nº 1 (2000): 133-141.

Thaler, Richard H. e Cass R. Sunstein. *Nudge: Improving Decisions About Health, Wealth, and Happiness*. New Haven, CT: Yale University Press, 2008.

Thompson, Clive. "If You Liked This, You re Sure to Love That". *New York Times Magazine*, 23 de novembro de 2008.

Thorndike, Edward L. "A Constant Error in Psychological Ratings". *Journal of Applied Psychology* 4, nº 1 (1920): 469-477.

Thorp, Edward O. *The Mathematics of Gambling*. Hollywood, CA: Gambling Times, 1984.

Tilson, Whitney e Glenn Tongue, *More Mortgage Meltdown: 6 Ways to Profit in These Bad Times*. Nova York: John Wiley & Sons, 2009.

Tomlinson, Richard e Paola Hjelt, "Dethroning Percy Barnevik". *Fortune International*, 1º de abril de 2002, 38-41.

Townsend, Frederic. "Birth Order and Rebelliousness: Reconstructing the Research in Born to Rebel". *Politics and the Life Sciences* 19, nº 2 (2000): 135-156.

Treynor, Jack L. "Market Efficiency and the Bean Jar Experiment". *Financial Analysts Journal*, maio-junho de 1987, 50-53.

Turner, Mark. *The Literary Mind*. Nova York: Oxford University Press, 1996.

Tversky, Amos e Daniel Kahneman. "Belief in the Law of Small Numbers". *Psychological Bulletin* 76, nº 2 (1971): 105-110.

_____. "Judgment under Uncertainty: Heuristics and Biases". *Science* 185, nº 4157 (1974): 1124-1131.

Tyszka, Tadeusz e Piotr Zielonka. "Expert Judgments: Financial Analysts Versus Weather Forecasters". *The Journal of Psychology and Financial Markets* 3, nº 3 (2002): 152-160.

Vedantam, Shankar. "Vote Your Conscience. If You Can". *Washington Post*, 31 de dezembro de 2007, A3.

Waitzkin, Josh. *The Art of Learning: A Journey in the Pursuit of Excellence*. Nova York: Free Press, 2007.

Wallace, James. "Boeing Executive Faults Some 787 Suppliers". *Seattle Post-Intelligencer*, 1º de novembro de 2007.

Watts, Duncan J. "A Simple Model of Global Cascades on Random Networks". *Proceedings of the National Academy of Sciences* 99, nº 9, 30 de abril de 2002: 5766-5771.

_____. *Six Degrees: The Science of a Connect Age*. Nova York: W.W. Norton Company, 2003.

_____. "Is Justin Timberlake a Product of Cumulative Advantage?" *New York Times Magazine*, 15 de abril de 2007.

Weinstein, Neil D. "Unrealistic Optimism about Future Life Events". *Journal of Personality and Social Psychology* 39, nº 5 (1980): 806-820.

West, Geoffrey B. e James H. Brown. "Life's Universal Scaling Laws". *Physics Today*, setembro de 2004, 36–42.

Westen, Drew, Pavel S. Blagov, Keith Harenski, Clint Kilts e Stephan Hamann. "Neural Bases of Motivated Reasoning: An fMRI Study of Emotional Constraints on Partisan Political Judgment in the 2004 U.S. Presidential Election". *Journal of Cognitive Neuroscience* 18, nº 11 (2006): 1947–1958.

Westen, Drew. *The Political Brain: The Role of Emotion in Deciding the Fate of the Nation*. Nova York: Public Affairs, 2007.

Wiseman, Richard. *Did You Spot the Gorilla? How to Recognize Hidden Opportunities*. Londres: Random House, 2004.

Wolff, Alexander. "SI Flashback: That Old Black Magic". *Sports Illustrated*, 21 de janeiro de 2002.

Wolpert, Lewis. *Six Impossible Things Before Breakfast: The Evolutionary Origins of Belief*. Nova York: W.W. Norton, 2007.

Yariv, Leeat. "I'll See It When I Believe It – A Simple Model of Cognitive Consistency". Artigo nº 1352, Cowles Foundation, fevereiro de 2002.

Zajonc, R. B., ed. *The Selected Works of R. B. Zajonc*. Nova York: John Wiley & Sons, 2004.

Zimbardo, Philip. *The Lucifer Effect: Understanding How Good People Turn Evil*. Nova York: Random House, 2007.

Zweig, Jason. "Do You Sabotage Yourself? Daniel Kahneman Has Done More Than Anyone Else to Explain Why Most of Us Make So Many Mistakes as Investors – And What We Can Do About It". *Money*. 1º de maio de 2001.

_____. "Peter Bernstein Interview: He May Know More About Investing than Anyone Alive". *Money*, 15 de outubro de 2004, 143-148.

_____. *Your Money and Your Brain: How the New Science of Neuroeconomics Can Help Make You Rich*. Nova York: Simon & Schuster, 2007.

Este livro foi composto na tipologia Adobe Caslon Pro
em corpo 11,5/15, e impresso em papel off-white 80g/m²
pelo Sistema Cameron da Distribuidora Record
de Serviços de Imprensa S.A.